초등학생을 위한
맨 처음 과학 3

초등학생을 위한 맨 처음 과학 3

생명과 **우주**의 **신비**를 밝혀라

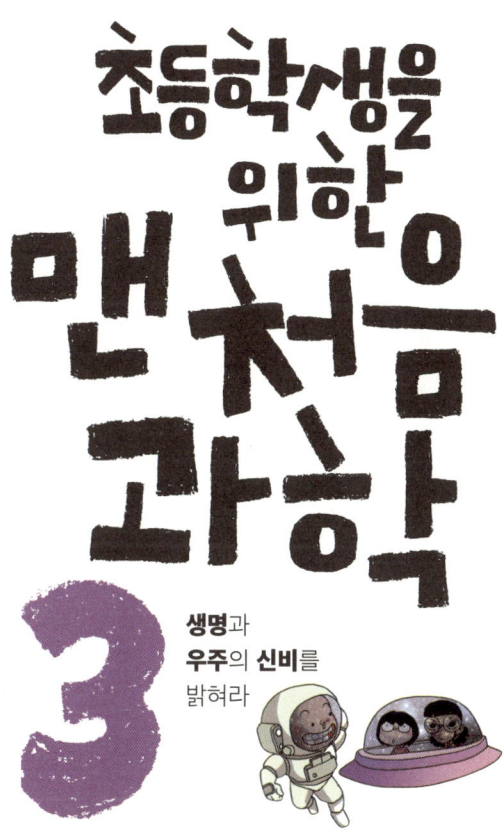

김태일 글 | 마정원 그림 | 홍준의·최후남·고현덕·김태일 원작

휴먼어린이

초대하는 글

어린이 여러분, 과학 좋아하세요?

"네!" 하고 크게 대답하는 소리가 들리는 듯하군요.

그런데 이상하게 중학생만 되면 과학을 많이 어려워합니다. 싫어하는 과목으로 서슴없이 '과학'을 꼽기도 하고요. 이해하기 어렵고 외워야 할 것이 너무 많다나요. 과학을 가르치는 선생님으로서 참 안타깝고 마음이 무거웠답니다. 기본 원리만 잘 이해하고 과학적으로 생각하는 방법만 익히면 누구나 과학을 어렵지 않게 공부할 수 있을 텐데 말이죠.

이렇게 똑같이 고민하던 네 명의 과학 선생님이 모여서 "멋진 과학 교과서 하나 만듭시다!" 하고 만든 책이 바로 중·고등학생용 《살아있는 과학 교과서》랍니다. 선생님들은 "어떻게 하면 아이들이 과학의 기본 원리를 익히고 과학적으로 생각하는 즐거움을 맛보게 할 수 있을까? 또 어떻게 하면 과학이 우리의 생활과 뗄 수 없는 관계라는 것을 느끼게 할 수 있을까?" 하는 질문에 대한 해결책을 책에 담고자 많은 노력을 했답니다.

《초등학생을 위한 맨처음 과학》은 《살아있는 과학 교과서》를 초등학생 독자들도 알기 쉽게 만화로 만든 것이랍니다. 어려운 책을 단순히 만화로 바꾸기만 한다고 쉽게 이해되는 것은 아니겠지요? 그래서 만화로 만드는 과정에서 초등학생이 이해하기 어려운 부분은 쉽게 풀어내고, 새로 알아야 할 내용은 추가했답니다. 그리하여 초등학생에게 적합한 과학책으로 다시 태어났답니다.

《초등학생을 위한 맨처음 과학》에는 과학의 기본 원리나 과학적으로 생각하는 방식이 발명가 아저씨와 아이들의 대화 속에 자연스럽게 스며들어 있습니다. 아저씨와 아이들은 특별한 사람이 아닙니다. 여러분의 삼촌이나 이웃을 떠올리며 아저씨를 그렸고, 아이들도 바로 여러분의 모습을 담아냈습니다. 아저씨와 아이들은 좌충우돌하며 주변에서 일어나는 일에 대해 자연스럽게 고민하고 과학적으로 해결해 나갑니다. 이들의 대화 속에는 과학적 개념이 녹아 있으며, 과학적으로 생각하는 과정이 살아 있습니다. 여러분도 이렇게 과학을 공부하면 좋겠습니다. 책을 통해 알게 된 사실을 친구나 부모님과 자연스럽게 얘기를 나누는 과정이 바로 과학 공부지요.

이 책에는 과학 개념과 생각할 거리가 많이 들어 있습니다. 그렇다고 '과학 공부'만 앞세운 딱딱한 책은 절대 아니에요. 과학을 쉽게 배우는 동시에 이야기를 읽는 즐거움까지 느낄 수 있도록 애썼답니다. 독특한 성격의 아이들, 풍부한 상상력과 기발한 아이디어를 가진 아저씨가 날리는 한마디 한마디가 새로운 즐거움을 가져다줄 것입니다. 자, 이제 함께 과학이 펼치는 풍부한 이야기 속으로 빠져들어 볼까요?

2016년 9월
김태일

등장인물

발명가 아저씨

엉뚱한 상상력으로 희한한 발명품들을 만들지만 늘 실패한다.
동네 아이들에게 친절하게 과학을 설명하는 순수한 아저씨.

팽숙

전교 1등을 놓쳐 본 적이 없는 우등생.
하지만 잘난 체를 너무 많이 한다는 단점이 있다.

영배

조금 바보스럽지만 번뜩이는 생각을 많이 쏟아 낸다.
착하고 다정다감하다.

철수
영배의 단짝 친구. 축구를 좋아한다.
메시 같은 축구 선수가 되는 것이 꿈.

을미
조용하지만 과학에 대한 호기심이 많고
자연에 대한 감성은 누구보다 섬세하다.

덕구
발명가 아저씨네 집에서 사는 강아지.

차례

초대하는 글	4
등장인물	6

1 현대 과학 산책

01 21세기 생명 공학	12
02 현대의 우주론	20

2 생명

01 생식이란 무엇일까?	30
남성과 여성의 생식 기관	40
02 발생의 과정	42
인간 생식의 신비	54
03 생명체의 탄생	56
성의 결정과 염색체의 비밀	68
04 유전의 비밀	70

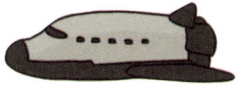

05 지구의 역사와 고생물	82
지구의 나이는 어떻게 알까?	94
06 생물과 에너지	96
07 빛과 생물	104
투명 인간은 왜 불가능할까?	114

3 우주

01 태양계	118
태양계의 가족들	130
02 별과 별자리	132
별의 탄생과 죽음	148
03 은하수와 우리 은하	150
은하는 어떤 모습일까?	156
04 우주를 향한 도전	158
05 우주에서 살아가기	166

세상을 빛낸 과학, 과학자들   176

1 현대 과학 산책

01 21세기 생명 공학
02 현대의 우주론

01 21세기 생명 공학

복제 동물·인간 배아 복제·인간 게놈 프로젝트·유전자 조작 식품…. 21세기는 생명 공학의 시대가 될 것이라고 합니다. 생명의 본질과 인류의 삶을 뒤흔들 수도 있는 생명 공학이란 무엇이며, 어떤 점을 고려해야 할까요?

'나는 왜 엄마를 닮았을까? 왜 아빠를 닮았을까?' 이런 생각을 해 본 적이 있을 거예요. 그건 바로 여러분이 부모님의 유전자, 즉 DNA를 물려받았기 때문입니다.

유전자 속에는 생물의 형질, 즉 고유한 특징에 대한 정보가 들어 있어서 자손에게 영향을 끼칩니다. 우리가 부모님을 닮는 것은 부모님의 DNA를 물려받기 때문이지요.

생명체의 정보가 담긴 유전자

유전자는 염색체 속에 들어 있는데, 하나의 염색체 속에는 엄청난 길이의 DNA 사슬이 꼬이고 꼬여 있습니다. 이것은 마치 몇 가닥의 새끼줄을 여러 번 겹쳐 꼬아서 만든 동아줄과 비슷하지요.
인간은 수정란이 세포 분열을 하여 약 100조 개의 세포로 구성된 하나의 개체입니다. 세포가 분열할 때는 DNA가 복제되어 나누어지므로 신체 어느 부분의 세포도 똑같은 DNA를 가지게 됩니다. 따라서 피나 머리카락 등 세포가 포함된 신체의 일부분을 분석하면 개인의 정보를 알 수 있습니다.

| 인간 게놈 프로젝트 |

인간 게놈 프로젝트는 사람의 전체 유전자 지도를
작성하는 것은 물론 DNA 전체의 배열을 밝히는 작업입니다.
사람의 키나 눈의 색깔, 몸무게, 피부색뿐 아니라
성격, 유전적 질환 등에 이르기까지 형질이 어떤 유전자에 의해
어떻게 나타나는지를 밝히려는 매우 방대한 일이지요.

현재 인간 게놈 프로젝트가 완성되어
인간의 유전 정보를 모두 알 수 있게
되었습니다. 베일에 싸여 있는 생명의
신비를 밝히는 데 획기적 역할을
하고 있으며, 이를 통해 유전적 질환을
진단하고 치료하는 새로운 방법을
찾게 될 거예요.
하지만 반대의 목소리도 높지요.

유전자 조작

인간 게놈 프로젝트가 가능했던 것은 1970년 이후 유전자를 조작하고 분석하는 기술이 발달했기 때문입니다. 1970년대 과학자들은 DNA를 잘라서 재조합하기 시작했습니다. 이를 통해 분자 생물학의 새로운 기술로 유전병을 치료하거나 식물과 동물, 미생물의 유전자를 조작하여 필요한 물질을 생산할 수 있게 되었습니다.

이처럼 유전 공학 기술을 이용한 의약품 생산은 황금알을 낳는 거위로 인식되었고, 1980년대에는 분자 생물학을 상업적으로 이용하려는 시도가 일어났습니다.
DNA를 조작하는 기술을 포함한 생명 공학은 나날이 발전하고 있지요. 그러나 일부 사람들은 불확실하고 부적절하다고 여겨지는 생체 실험에 대해 비난하고 있습니다. 그 대표적인 논쟁이 유전자 변형 식품에 대한 것입니다.

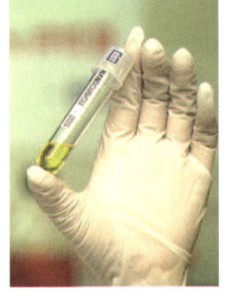

먹는 인슐린
한국과학기술연구원(KIST) 정서영 박사 연구팀이 국내 최초로 개발한 먹는 인슐린, 나노 큐비클이다.

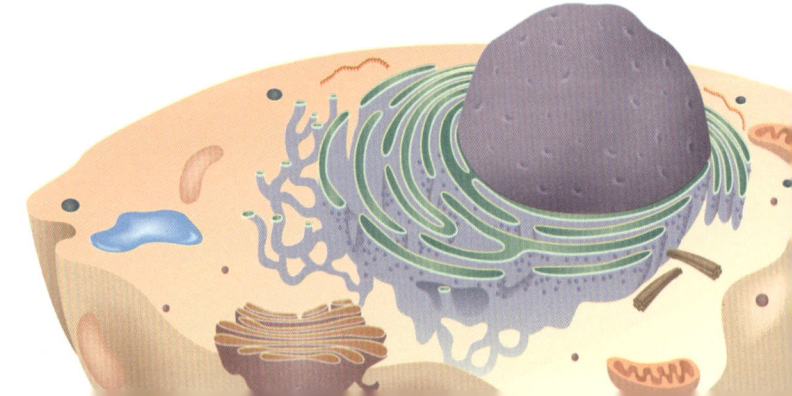

| 기아와 질병, 과학과 윤리 |

곡식의 유전자를 변형시켜 병충해에 강하고 수확량이 많은 품종을 개발한다면 가난한 나라의 식량 문제를 해결할 수 있을 겁니다. 또한 유전자 변형 식품을 통해 각종 질병을 치료할 수 있는 물질을 생산한다면 무서운 암이나 노화를 극복할 수 있을지도 모릅니다.

그러나 유전자 연구가 생태계와 인체에 어떤 영향을 줄지는 알 수 없습니다. 제초제에도 죽지 않는 슈퍼 잡초나, 살충제에 견디는 곤충이 나타날 수도 있지요. 이런 문제가 해결되지 않은 상황에서 유전자 변형 식품을 생산하는 것은 매우 위험하고 무책임한 일이 될 수 있습니다.

유전자 변형 식품을 둘러싼 논쟁은 다음과 같습니다.

첫째, 식품의 안정성 문제입니다. 유전자 변형 식품은 과연 우리 몸에 안전할까요?
둘째, 유전자를 조작한 식물 종이 생태계에 어떤 영향을 끼칠까요?
셋째, 인간은 유전자를 마음대로 조작해도 되는 걸까요?

국내 최초로 식물 꽃가루 대량 배양
목원대 생명산업학부 김문자 교수 연구팀이 국내 최초로 식물 꽃가루 대량 배양 기술에 성공했다. 연구에 참여했던 학생이 배양 중인 고추 모종 시험관을 살펴보고 있다.

유전자 변형 식품 반대 시위
유전자 변형 식품을 금지시켜 달라는 수천 명의 시위대가 이탈리아 제노아 시내를 행진하고 있다. 한 시위자가 돼지 가면을 쓴 채 '유전자의 악몽'이라고 적힌 팻말을 들고 있다.

이런 논란 속에서도 유전 공학·생명 공학이 인간에게
더 나은 삶을 열어 줄 것이라는 희망에는 변함이 없습니다.
하지만 이런 연구들이 과연 인류에게 안전한 것인지,
윤리적·사회적으로 문제는 없는 것인지
지혜를 모아야 합니다.
그 미래의 자리에 바로 여러분이 서 있습니다.

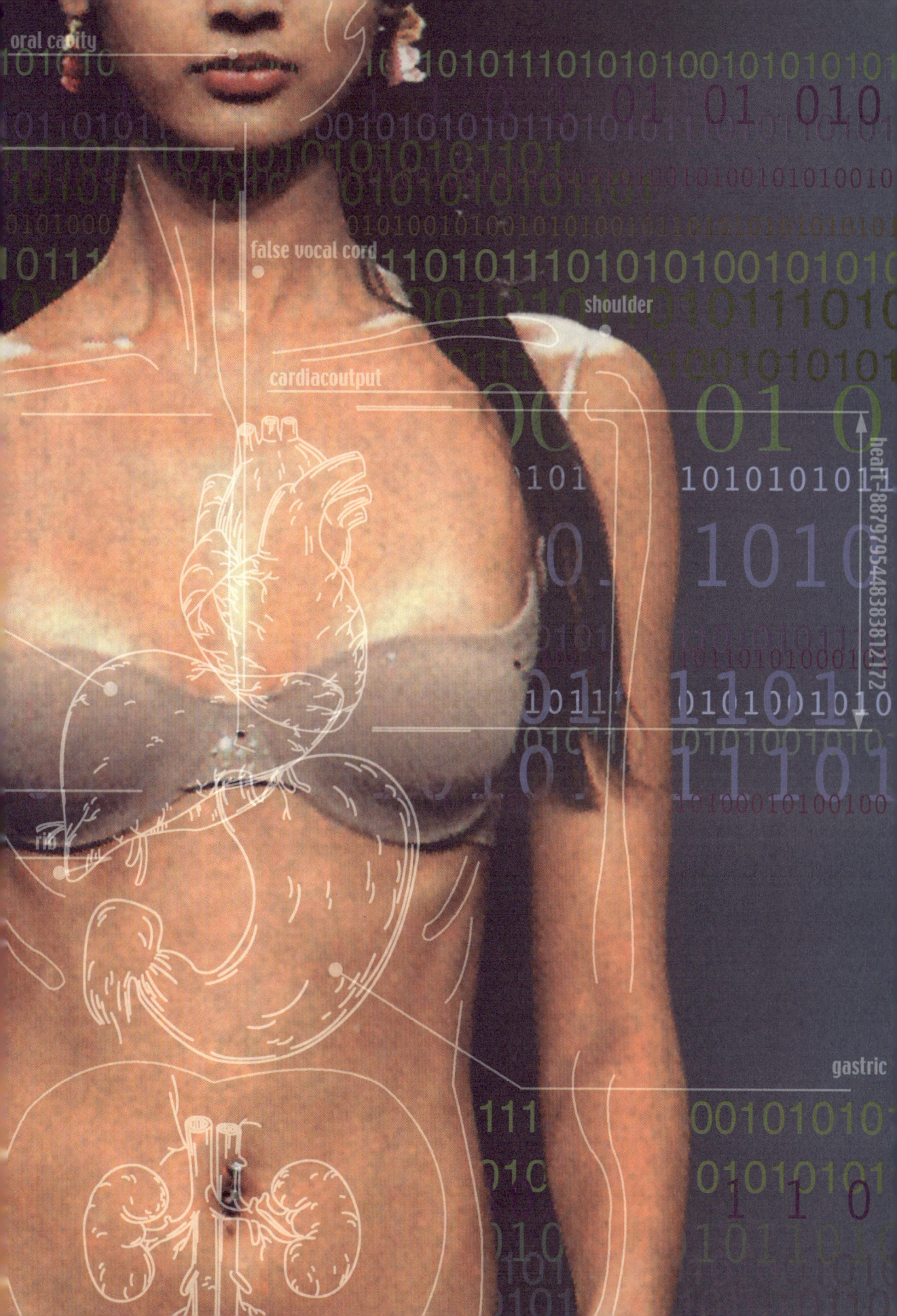

02 현대의 우주론

우주의 모습을 밝히려는 노력은 인류 역사와 함께 시작되었습니다. 그러나 우리 은하 밖에 또 다른 은하가 있다는 사실을 안 것은 불과 80여 년밖에 되지 않습니다. 우주는 어떻게 생성되었을까요?
또 앞으로 어떻게 변할까요?

빅뱅 이론의 등장

1929년 허블은 우리 은하*로부터 멀리 떨어진 은하일수록 더 빠르게 멀어지고 있다는 사실을 알아냈습니다.
그는 이 사실이 우주가 팽창하고 있음을 말해 주는 중요한 증거라고 생각했습니다. 그런데 우주는 어느 방향으로나 같은 비율로 팽창하고 있습니다. 이 말은 곧 팽창의 중심, 즉 우주의 중심이 없다는 것을 의미합니다.
그런데 만약 우주가 팽창하고 있다면 최초의 우주는 하나의 점이 아니었을까요?
이것이 바로 빅뱅 이론의 기초입니다.

* 우리 은하: 은하란 수많은 별이 모인 집단으로, 태양계가 속해 있는 은하를 '우리 은하'라 한다.

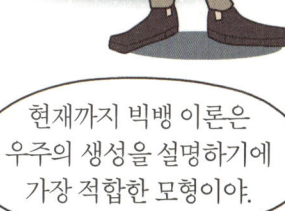

| 우주의 역사와 미래 |

약 150억 년 전 상상할 수 없을 만큼의 초고온·고밀도의 물질이
대폭발을 일으켰습니다.
폭발 후 우주 공간은 급속하게 팽창하면서 물질이 생성되었습니다.
이 속에서 은하와 무수한 별이 탄생한 것입니다.
이것이 빅뱅 이론에 근거한 우주 탄생의 과정입니다.

그렇다면 우주는 언제까지 팽창할까요?
현재는 우주의 팽창이 계속될 것이라는 '열린 우주론', 어느 한도에서 멈춘다는 '평탄한 우주론',
우주의 팽창이 어느 시점에서 멈추고 다시 수축하여 격렬하게 합쳐진다는 '닫힌 우주론',
이렇게 세 가지로 설명하고 있어요. 그러나 우주 공간의 밀도를 측정한 결과 '닫힌 우주론'보다는
계속해서 팽창한다는 '열린 우주론'이 더 설득력을 얻고 있습니다.

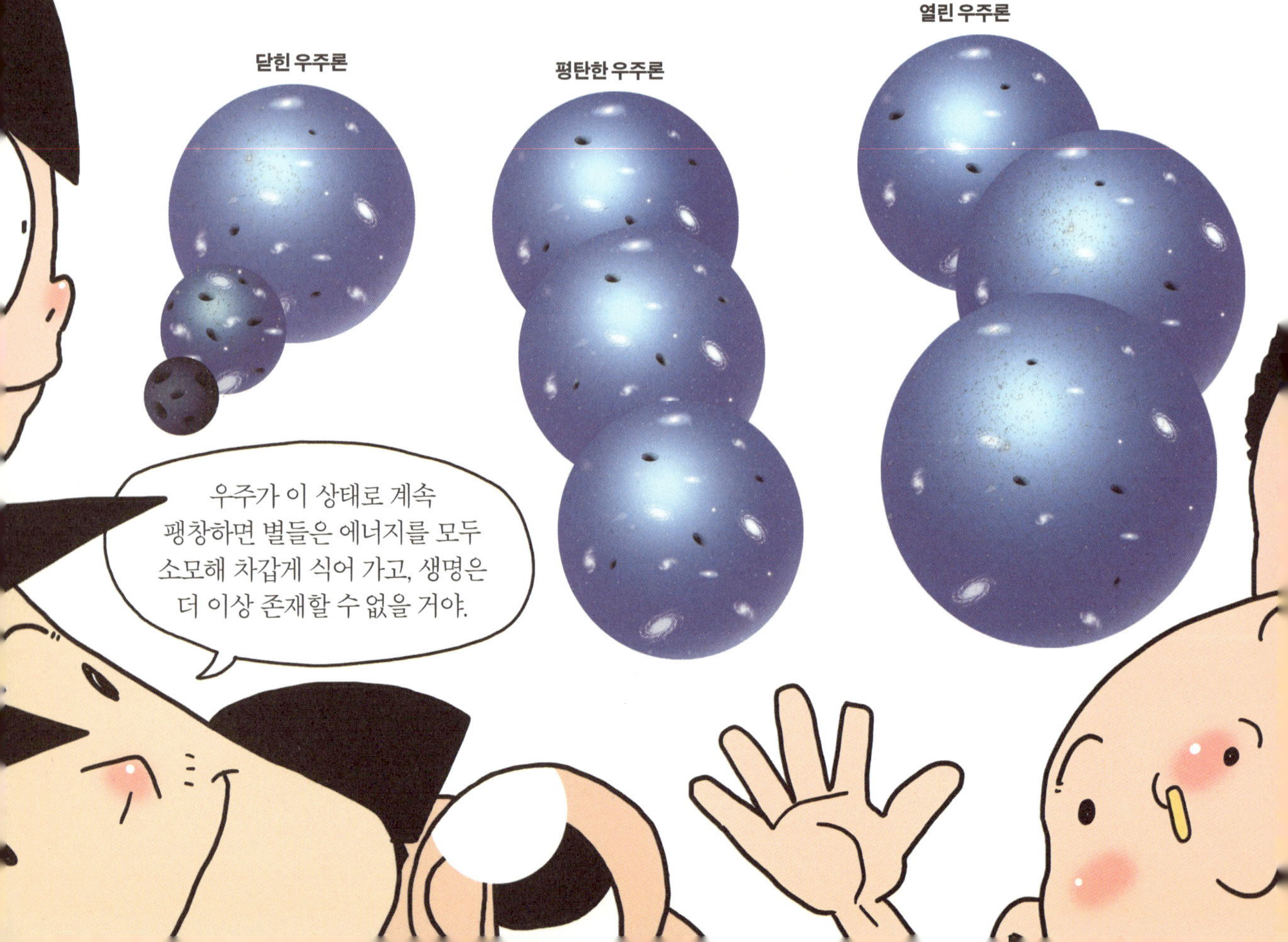

닫힌 우주론   평탄한 우주론   열린 우주론

우주가 이 상태로 계속
팽창하면 별들은 에너지를 모두
소모해 차갑게 식어 가고, 생명은
더 이상 존재할 수 없을 거야.

암흑 물질과 진공 에너지

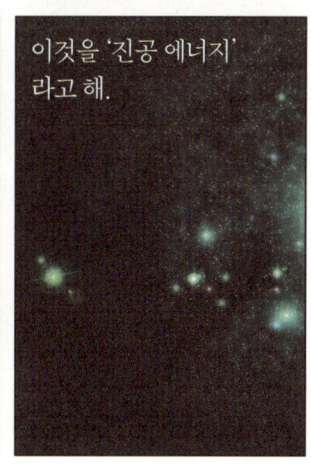

우주는 어떻게 변할까요?
끝없는 팽창을 할까요? 아니면 다시 수축할까요?
지금은 그 답을 알지 못하지만 인류는 끊임없이 우주를 탐구하고 있습니다.
언젠가는 우주 진화의 비밀을 발견할 수 있을 겁니다.
그 첫 실마리를 여러분이 찾아보는 건 어떨까요?

| 우리 은하를 벗어나면… |

지구를 벗어나면 태양계를 이루고 있는 다른 행성들을 만나고, 태양계를 벗어나면 태양계와 비슷한 별들, 그리고 우리 은하에 속해 있는 성단과 성운을 만납니다. 우리 은하에는 태양과 같은 별이 1,000억 개 정도 있습니다. 우리 은하를 벗어나면 무엇이 있을까요? 우리 은하 너머에는 수많은 외부 은하가 있습니다. 이런 외부 은하의 수도 1,000억 개 정도입니다. 따라서 우주에는 1,000억×1,000억 개의 별이 있답니다.

많은 별이 모인 집단을 '성단'이라고 한단다. 이 사진은 플레이아데스성단이야.

윽! 기분 나쁜 별이다!

오리온자리의 말머리성운
별과 별 사이에는 엄청나게 넓은 공간이 있다. 이 공간에는 매우 적은 양이지만 수소나 헬륨으로 이루어진 기체와 먼지들이 떠 있는데, 이들을 '성간 물질'이라고 한다. 이러한 성간 물질이 모여 있으면 지구에서 볼 때 구름처럼 보이는데 이를 '성운'이라 한다.

안드로메다은하
우리 은하로부터 250만 광년 떨어진 곳에 있는 외부 은하로, 우리 은하보다 더 많은 별이 있으며, 빛의 밝기도 우리 은하의 2배로 추정된다. 하지만 질량은 우리 은하에 비해 약간 낮은데, 이는 우리 은하가 안드로메다은하보다 더 많은 암흑 물질을 가지고 있기 때문이다. 안드로메다은하는 빛이 없는 어두운 곳에서는 맨눈으로도 볼 수 있다.

2 | 생명

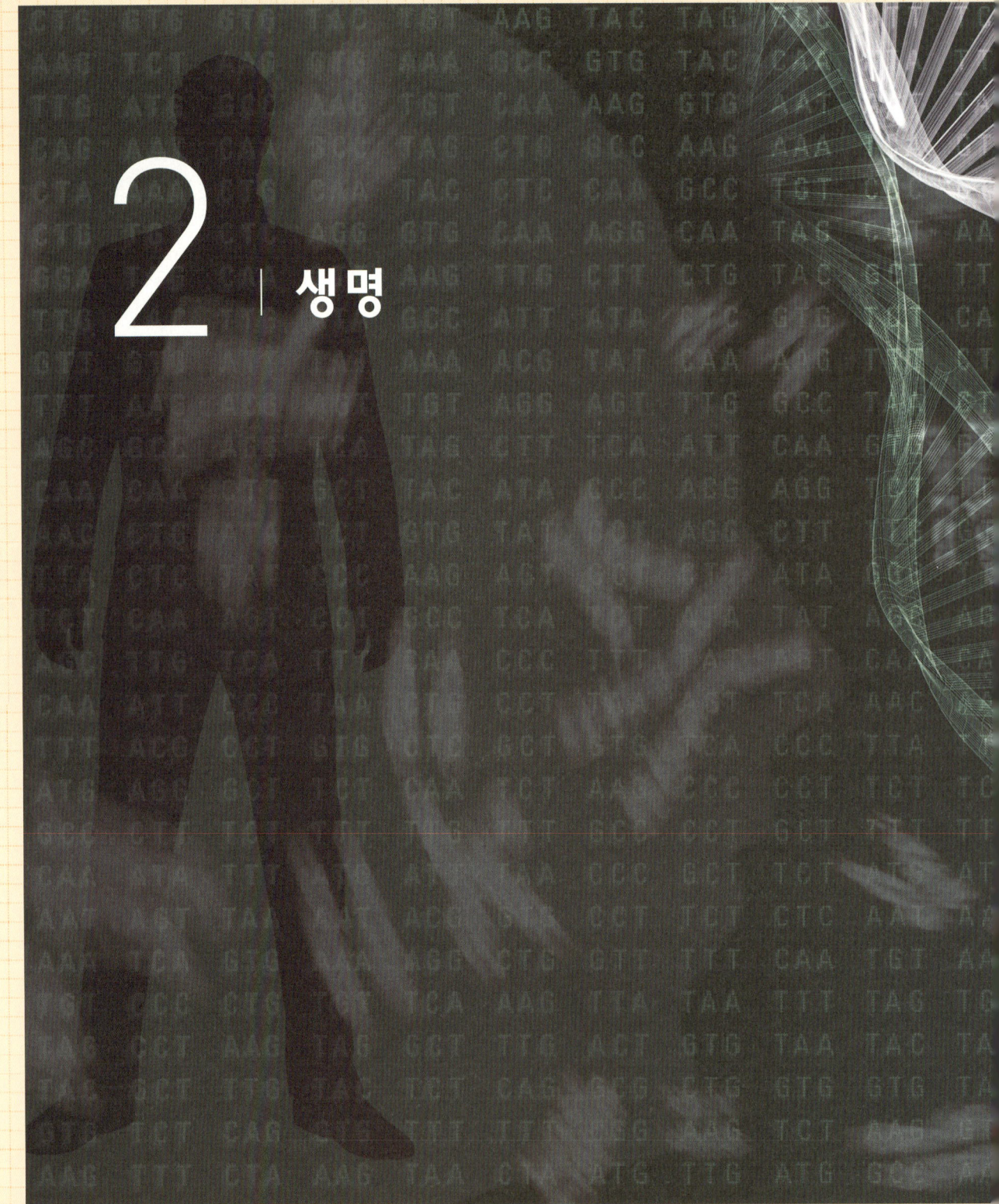

01 생식이란 무엇일까? | 02 발생의 과정 | 03 생명체의 탄생 | 04 유전의 비밀
05 지구의 역사와 고생물 | 06 생물과 에너지 | 07 빛과 생물

01 생식이란 무엇일까?

사춘기가 되면 남자와 여자의 신체적 특징에 차이가 두드러지는 2차 성징이 나타납니다.
이러한 차이는 어떤 과정을 통해 나타나는 것일까요?
남자와 여자의 생식 기관은 어떻게 다를까요?

❶ 사춘기의 비밀

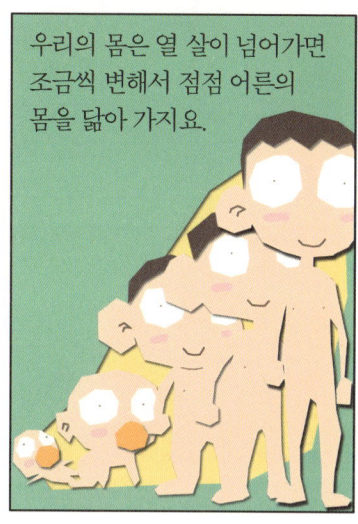

❷ **남자아이에서 남성으로, 여자아이에서 여성으로**

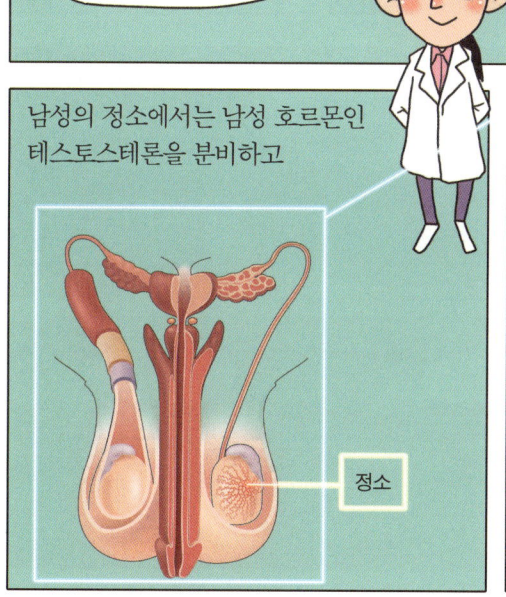
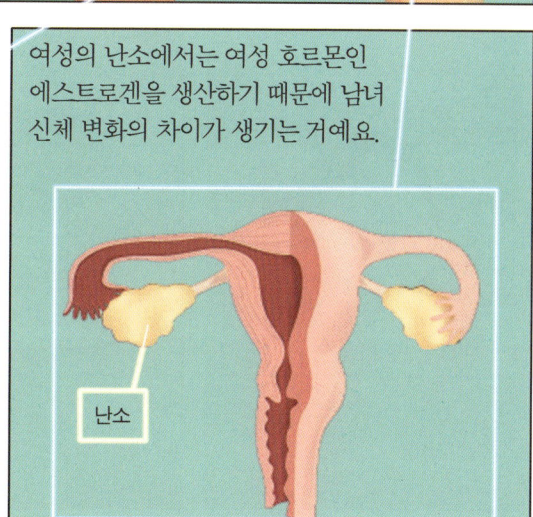

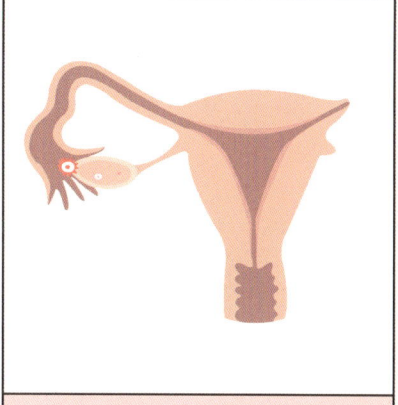

다음 월경 14일 전에 난소에서 배란이 된다.

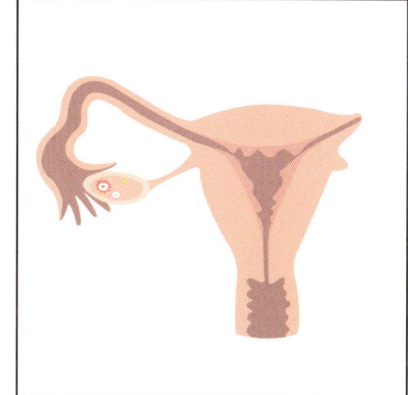

임신이 되지 않으면 자궁벽이 허물어져 월경이 일어난다.

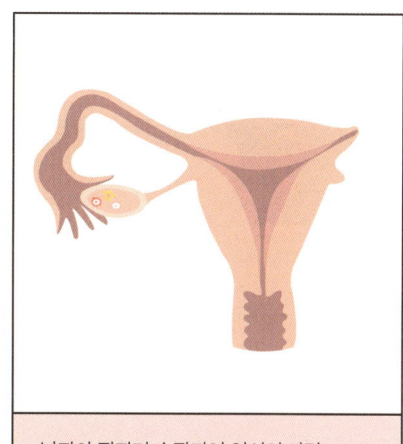

난자와 정자가 수정되어 임신이 되면 자궁벽이 계속 두껍게 유지된다.

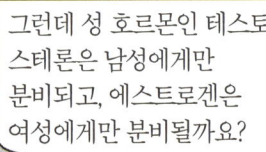

 **과학 톡톡**   무성 생식과 유성 생식

생물의 가장 큰 특징 중의 하나는 종족 유지를 위해 자기를 닮은 자손을 남기는 일이다. 다양한 종류의 생물들은 각자 어떤 방법으로 자손을 남길까?

1. **무성 생식** : 암수 생식 세포를 만들지 않고 자손을 번식하는 방법

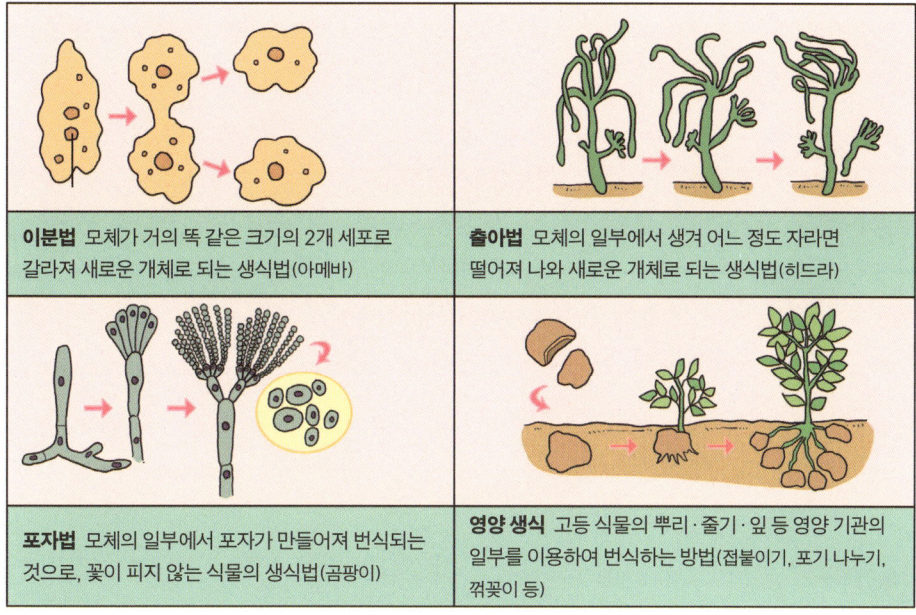

이분법 모체가 거의 똑 같은 크기의 2개 세포로 갈라져 새로운 개체로 되는 생식법(아메바)

출아법 모체의 일부에서 생겨 어느 정도 자라면 떨어져 나와 새로운 개체로 되는 생식법(히드라)

포자법 모체의 일부에서 포자가 만들어져 번식되는 것으로, 꽃이 피지 않는 식물의 생식법(곰팡이)

영양 생식 고등 식물의 뿌리·줄기·잎 등 영양 기관의 일부를 이용하여 번식하는 방법(접붙이기, 포기 나누기, 꺾꽂이 등)

2. **유성 생식** : 암수 구분이 되는 생물에서 생식 세포를 만들어 번식하는 방법

① 식물 : 꽃이 피는 식물은 대개 암술과 수술을 한 꽃에 모두 가지고 있지만, 옥수수처럼 암꽃과 수꽃이 한 나무에 따로 피는 경우도 있다.

옥수수 수꽃

옥수수 암꽃

② 동물 : 개, 닭처럼 암컷과 수컷의 구분이 확실한 동물도 있지만, 지렁이나 달팽이처럼 암수의 생식 기관을 한 몸에 가진 종류도 있다.

 교과서 밖 과학

남성과 여성의 생식 기관

사춘기에 나타나는 가장 중요한 변화는 아이를 가질 수 있는 능력이 생기는 것이다. 생식 기관이 발달하여 아이를 가질 수 있는 정자와 난자라는 생식 세포를 생산할 수 있다.

남성의 생식 기관은 정소와 그 부속샘으로 이루어져 있다. 남성은 사춘기 이후에 정소에서 정자와 남성 호르몬을 만들어 낸다. 정소에서 만들어진 정자는 부정소에서 성숙되어 수정관을 통해 요도로 운반된다. 요도는 음경의 내부에 있는 속이 빈 가느다란 관으로 오줌이 지나가는 길이며, 정자는 이 요도를 통해 몸 밖으로 배출된다. 정낭과 전립선은 정자의 활동에 필요한 양분과 물질로 구성된 정액을 분비한다.

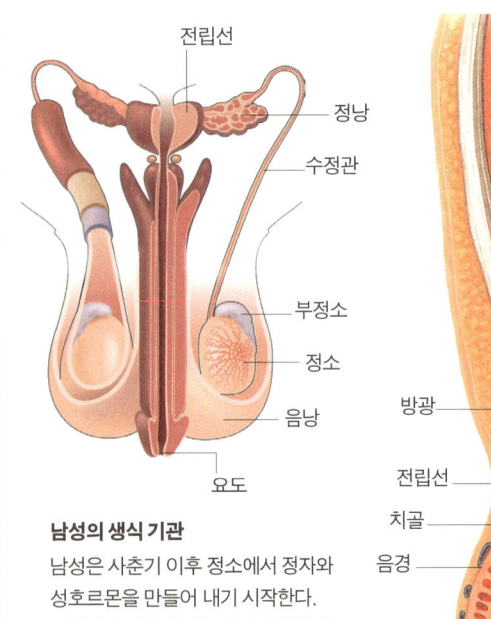

남성의 생식 기관
남성은 사춘기 이후 정소에서 정자와 성호르몬을 만들어 내기 시작한다. 전립선과 정낭에서는 정자의 활동에 필요한 정액을 만든다.

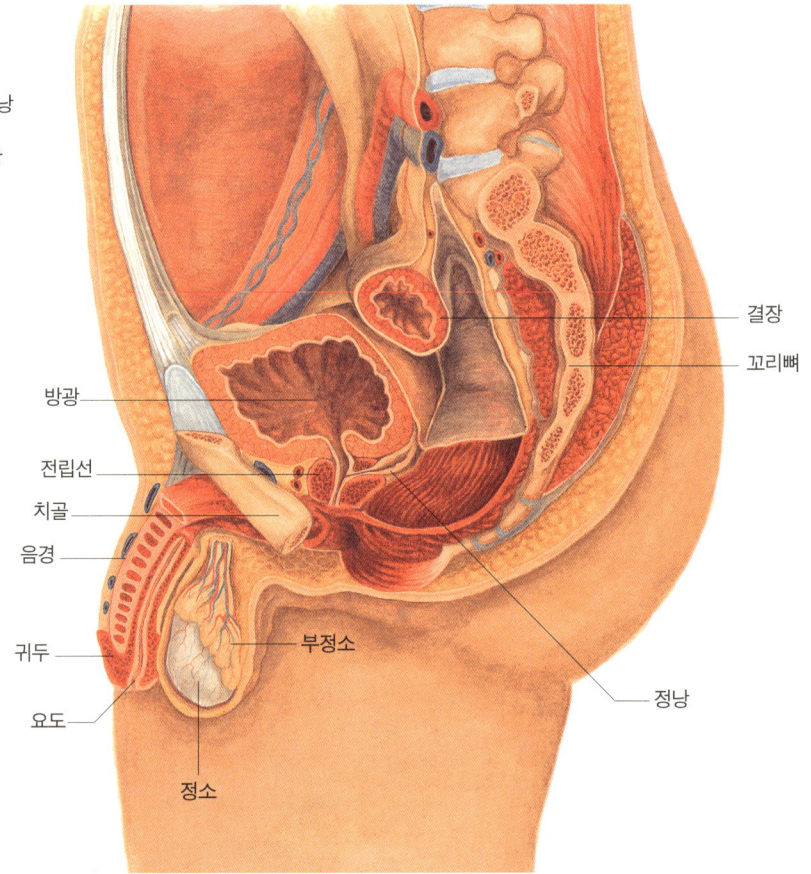

여성의 생식 기관은 난소·나팔관·수란관·자궁·질로 구성되어 있으며 남성의 생식 기관과 달리 수정, 태아의 발육, 출산과 같은 다양한 기능을 담당한다. 난소는 자궁의 좌우에 각각 1개씩 있으며 난자를 만들고 여성 호르몬을 분비한다. 난소에서 성숙한 난자를 자궁으로 보내는 통로를 '수란관'이라고 하고, 수란관의 입구를 '나팔관'이라고 한다. 나팔관은 난소를 감싸고 있으며 배란된 난자를 수란관으로 보내는 역할을 한다. 자궁은 수정란이 착상하고 태아가 자라는 장소이다. 질은 자궁과 외부를 연결하는 통로이다. 질의 길이는 대개 6~7cm 정도이고, 세균에 감염될 수 있으므로 산성 분비물을 내어 해로운 미생물의 성장을 억제한다.

남성과 여성은 사춘기가 되면 생식 기관이 더 커지고 색깔도 짙어진다. 여성은 이 시기에 난자를 생산하기 시작하여 월경이 시작된다.

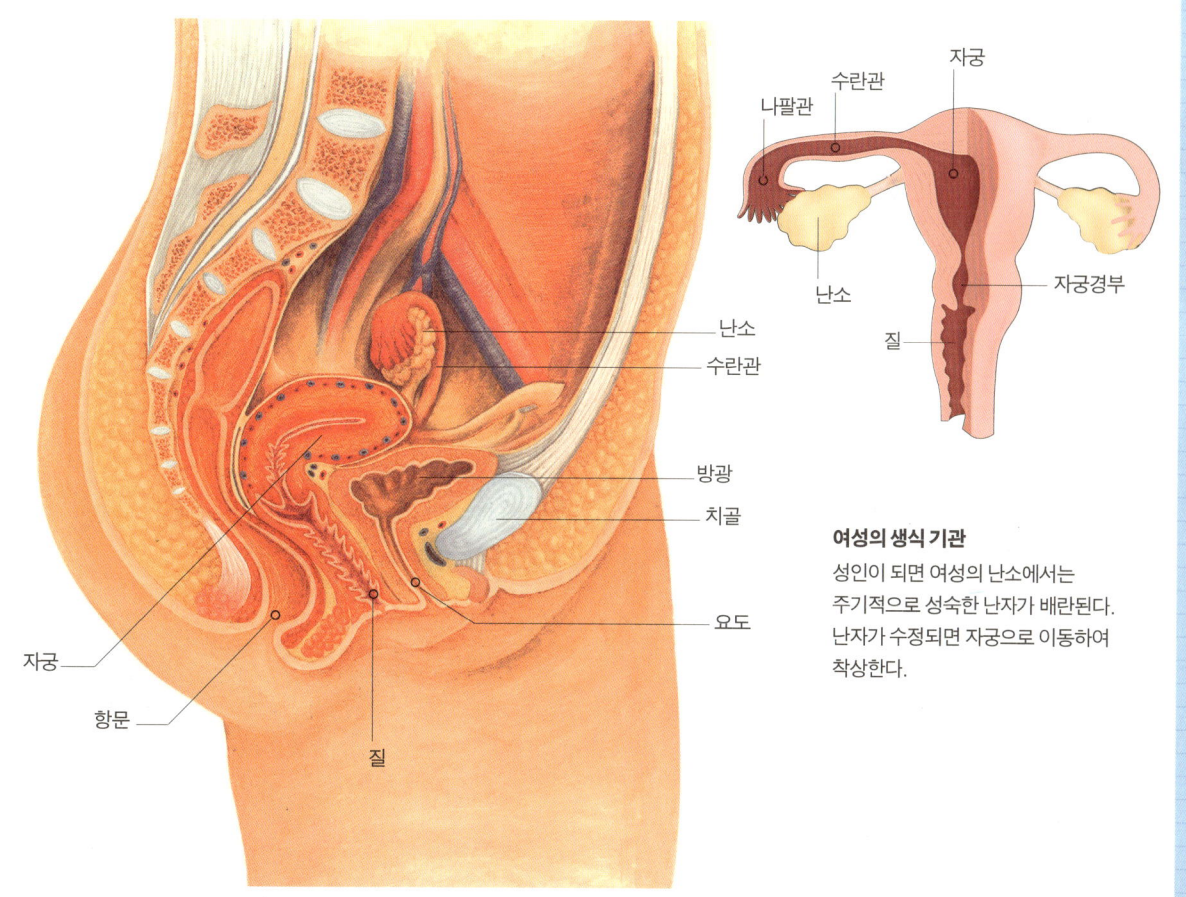

여성의 생식 기관
성인이 되면 여성의 난소에서는 주기적으로 성숙한 난자가 배란된다. 난자가 수정되면 자궁으로 이동하여 착상한다.

02 발생의 과정

정자와 난자의 만남, 그리고 이어지는 생명 탄생의 과정은 신비에 가깝습니다. 그러나 한 편의 드라마 같은 생명 탄생 이야기도 정자와 난자가 있어야만 가능합니다. 그렇다면 정자와 난자는 어떻게 만들어지며 어떻게 만날까요?

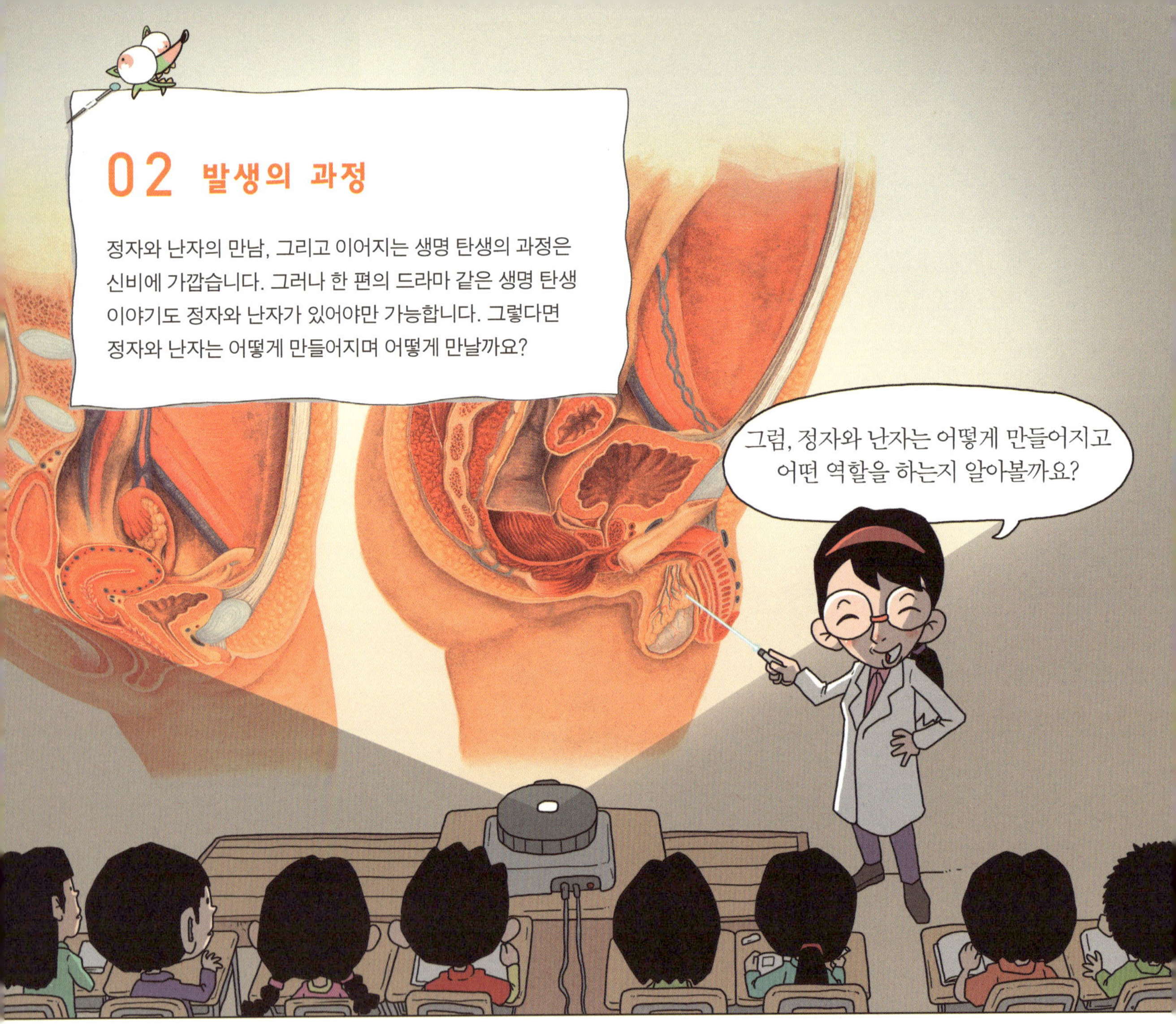

그럼, 정자와 난자는 어떻게 만들어지고 어떤 역할을 하는지 알아볼까요?

하하, 김정자. 넌 어떻게 만들어졌니?

이름 가지고 놀리면 못써!
- 눈이 웃고 있다!
- 네….

에… 그래서… 정자는….

흑, 아빠는 왜 내 이름을….

❶ 정자와 난자의 만남, 생명 탄생의 순간

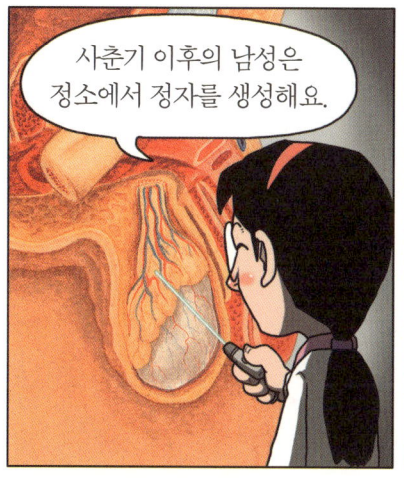

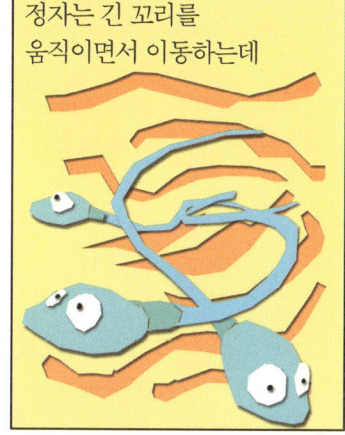

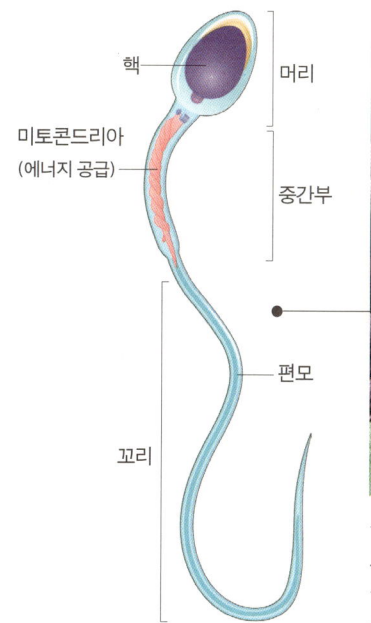
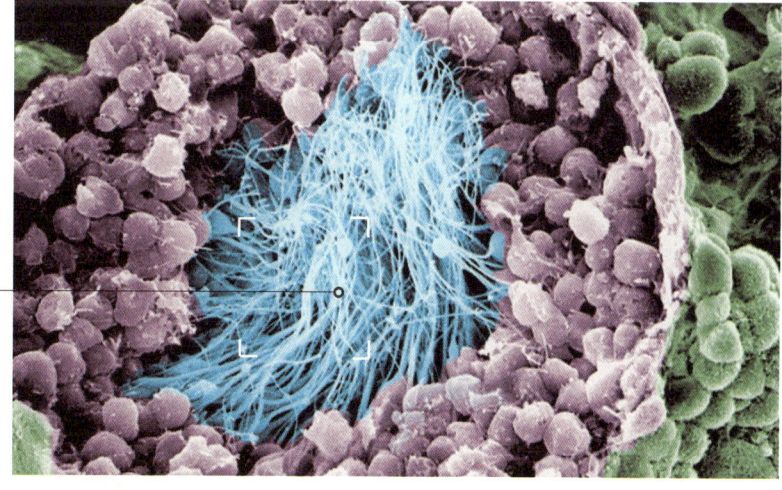

정자가 만들어지는 고환 남성의 고환에서 정자가 만들어지는 것을 주사 전자 현미경으로 촬영한 모습이다. 원통형의 튜브 안에서 보라색으로 관찰되는 둥근 세포들은 미래의 정자가 만들어질 정모세포로 미성숙한 정자들이다. 그러나 중앙에 실처럼 존재하는 것은 성숙한 정자의 편모이다. 정자들은 고환에서 출발하여 정낭에 모이고 전립선액과 함께 배출된다.

❷ 정소가 몸 밖에 있는 이유

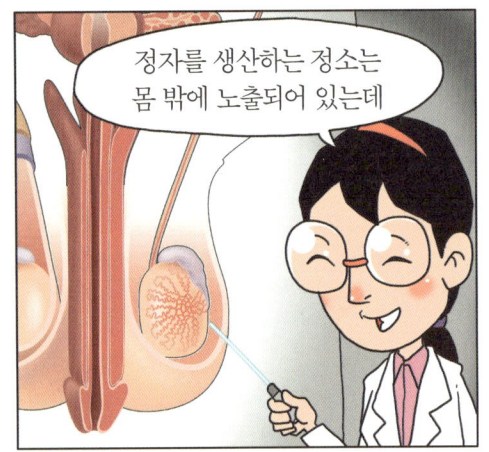

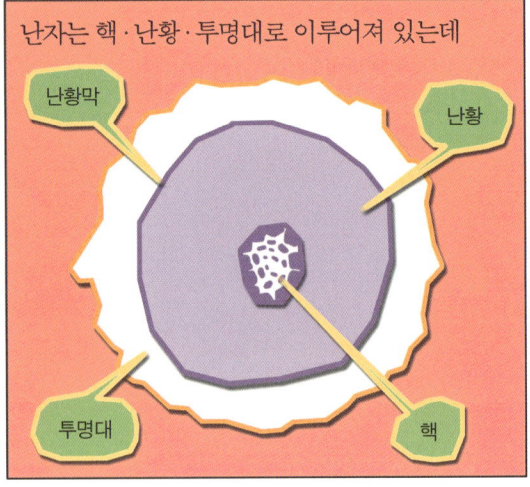

난자의 단면

난자는 난소에서 성숙하여 약 한 달에 한 번씩 나팔관으로 배란돼요. 배란된 난자가 정자와 만나 수정된 수정란은 난자 안에 들어 있는 양분을 이용해 곧바로 분열을 시작하지요.

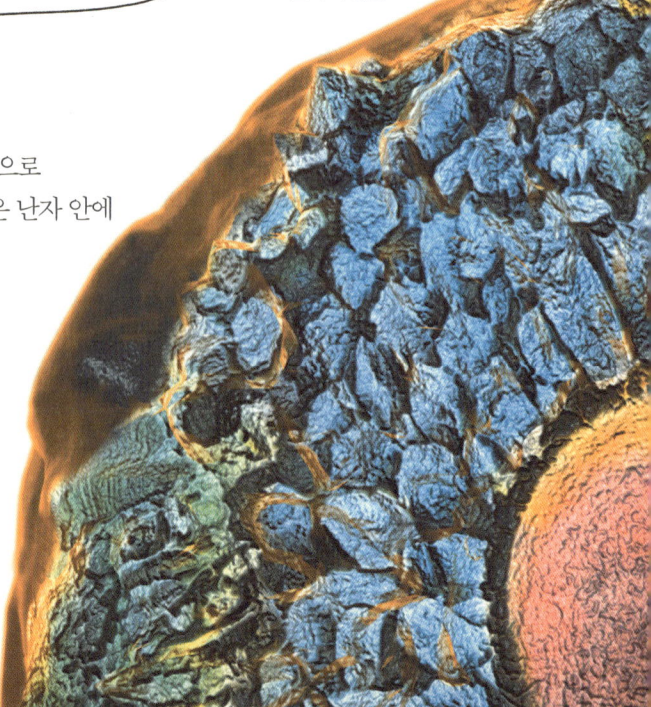

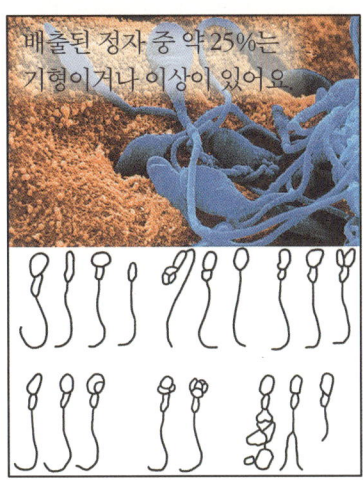
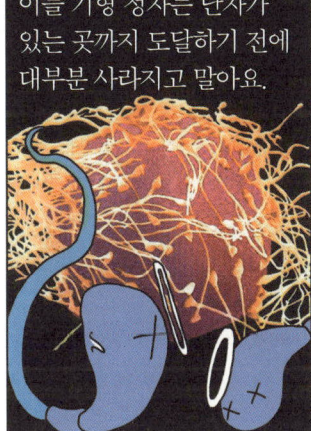
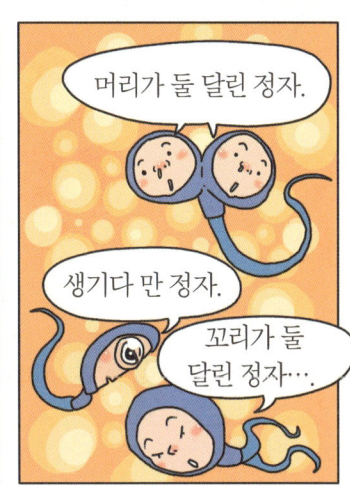

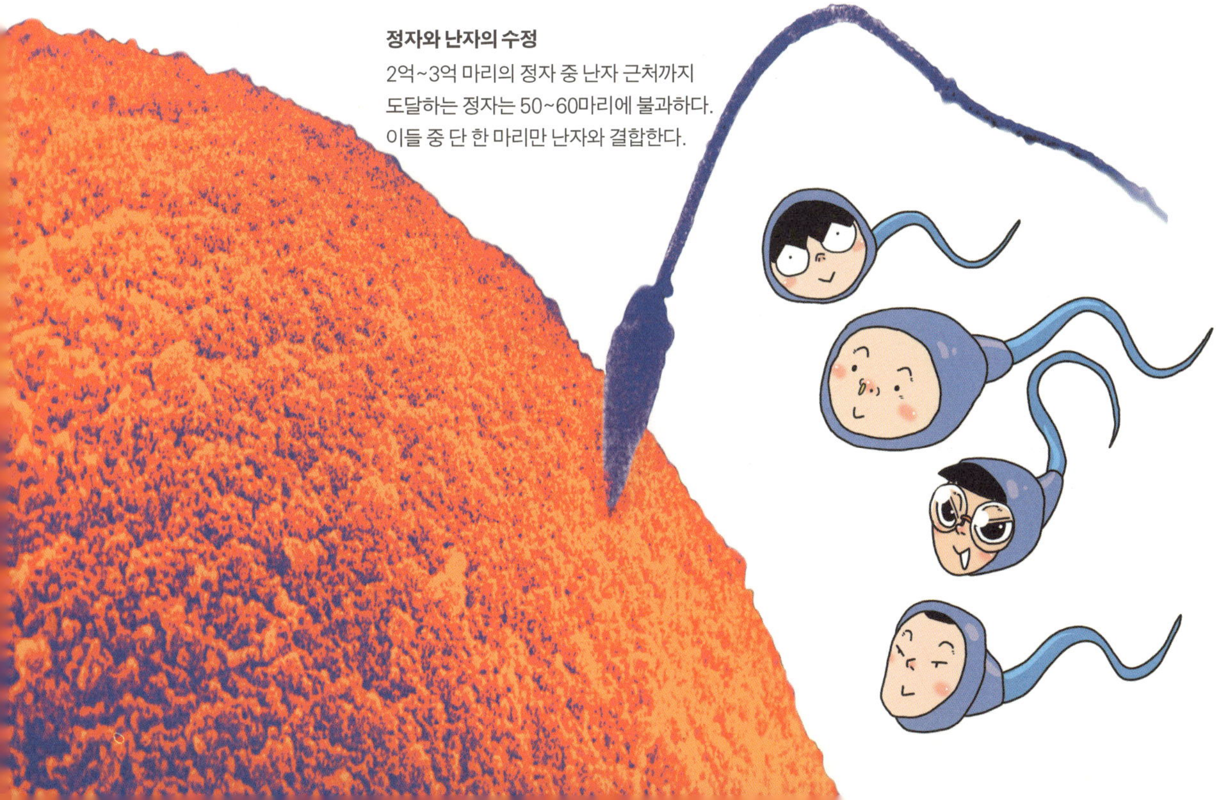

정자와 난자의 수정

2억~3억 마리의 정자 중 난자 근처까지 도달하는 정자는 50~60마리에 불과하다. 이들 중 단 한 마리만 난자와 결합한다.

❸ 정자들의 생존 경쟁

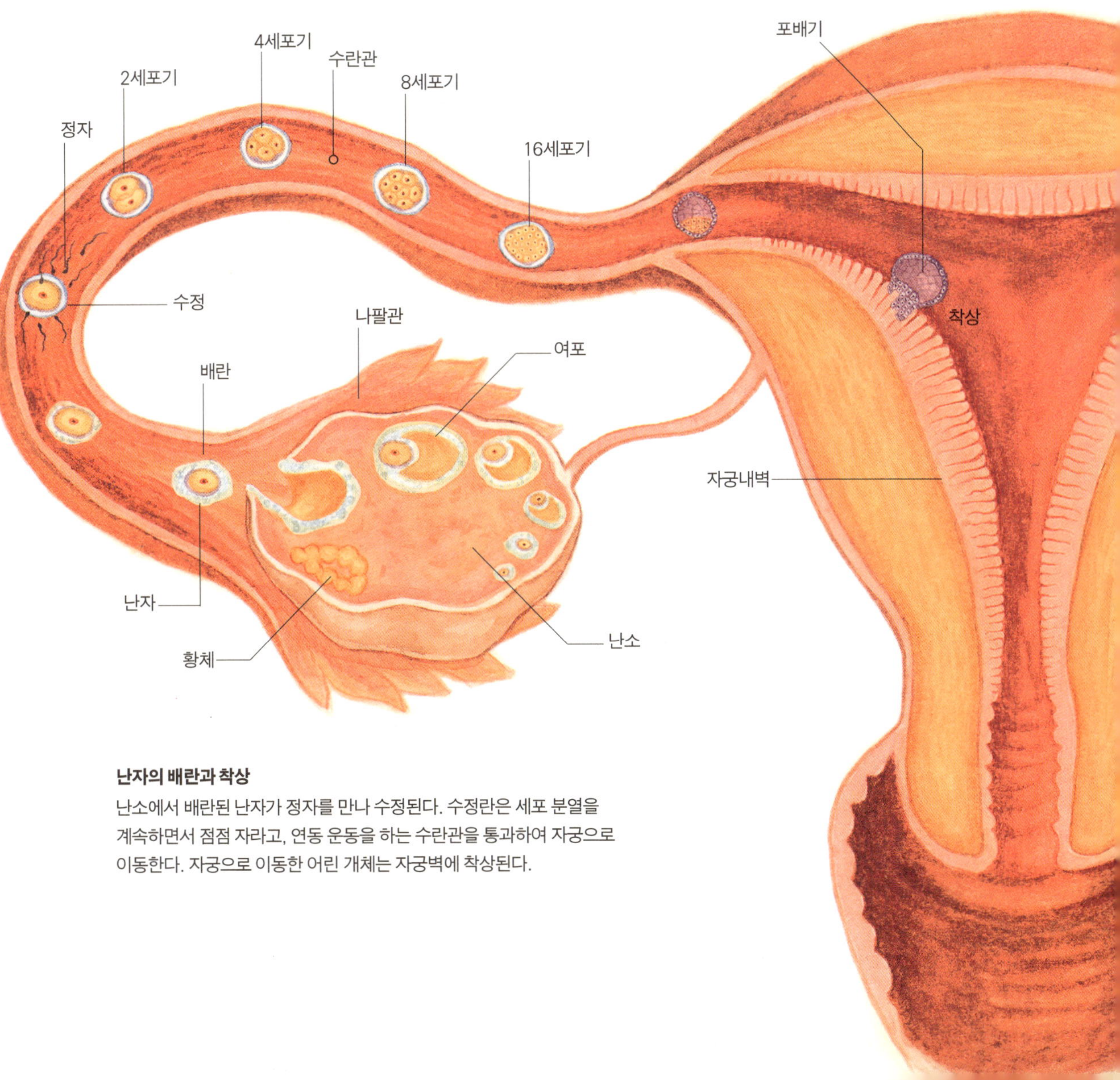

난자의 배란과 착상

난소에서 배란된 난자가 정자를 만나 수정된다. 수정란은 세포 분열을 계속하면서 점점 자라고, 연동 운동을 하는 수란관을 통과하여 자궁으로 이동한다. 자궁으로 이동한 어린 개체는 자궁벽에 착상된다.

수정되는 난자
난자와 정자가 만나서 수정되는 순간을 촬영한 투과 전자 현미경 사진이다. 하나의 정자가 난자의 '투명층'이라는 막을 뚫고 들어가는 중이다. 정자 머리의 앞부분에는 난자의 막을 녹이는 효소가 있다.

④ 수정과 임신

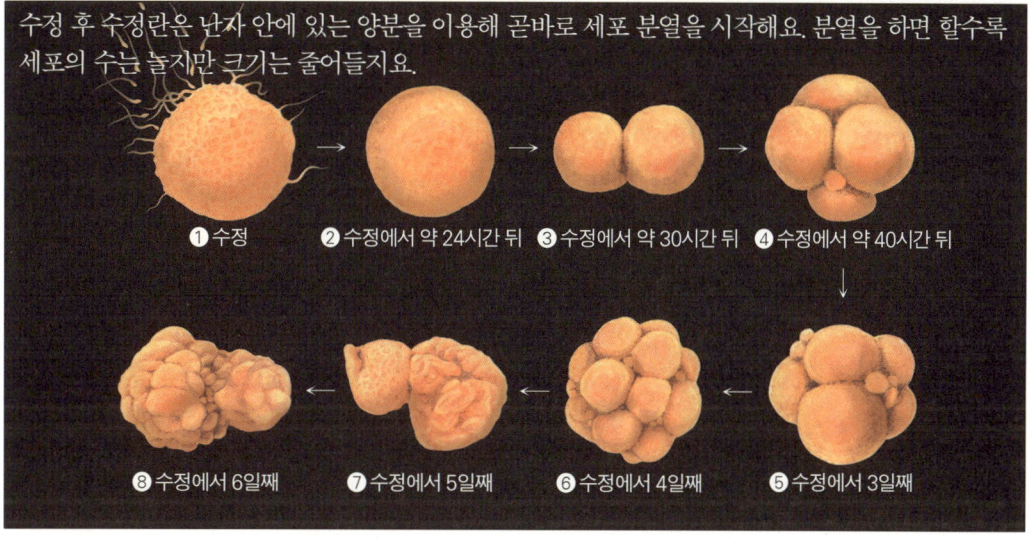

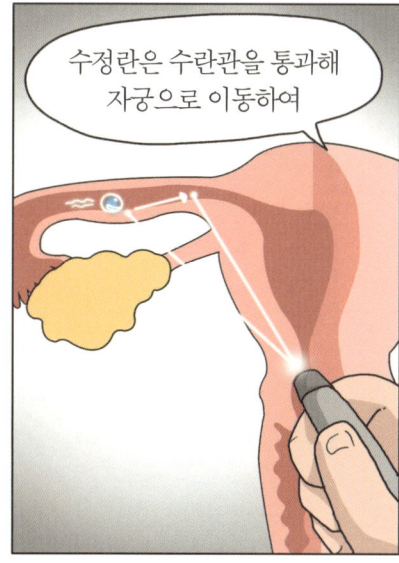
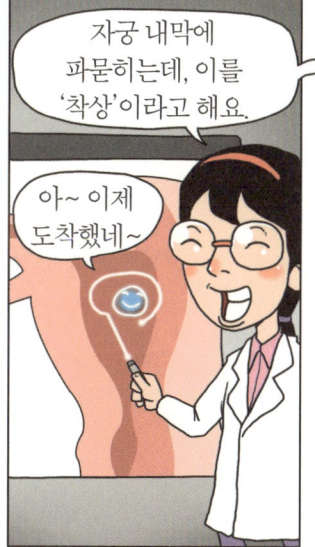

❺ 아기가 자라는 집, 자궁

분만 예정일은 어떻게 알까?

여성이 임신하면 태반이 형성될 때까지 황체가 퇴화되지 않는다. 이때 황체에서는 '프로게스테론'이라는 여성 호르몬이 분비되는데, 프로게스테론은 배란과 여포 자극 호르몬의 분비를 억제할 뿐 아니라 자궁벽을 두껍게 유지시켜 준다. 따라서 임신을 하면 여성은 월경을 하지 않게 된다. 보통 여성의 임신 기간은 수정된 날부터 평균 266일 정도이다. 수정된 날은 배란 후 2~3일 이내이고 배란은 다음 월경 14일 전에 나타나므로 마지막 월경 시작 일을 기준으로 하면 약 280일 정도 걸리는 셈이다. 예를 들어, 월경 주기가 28일인 여성이 임신 전 마지막 월경 시작 일이 11월 1일이었다면 수정은 11월 15일 전후에 이루어졌고 출산 예정일은 마지막 월경 시작 일부터 280일이 지난 다음 해 8월 10일경이다.

배란에서 임신이 되기까지

사람의 생식 기관에서는 정자와 난자를 만들고, 이것이 결합해서 생긴 수정란이 세포 분열을 거듭함으로써 새로운 생명체가 태어난다.

① 난소에서 배란된 난자는 수란관으로 들어가는데, 이때 정자가 들어오면 만나 수정되지.

② 수정란은 세포 분열을 하면서 자궁 쪽으로 이동해.

③ 약 1주일 뒤에 자궁벽에 착상하는데, 이때부터 임신이라고 하지.

④ 임신이 되면 자궁 속의 태아는 태반의 탯줄을 통해 영양분을 공급받아.

수란관
배란
2세포기
4세포기
착상

 교과서 밖 과학

인간 생식의 신비

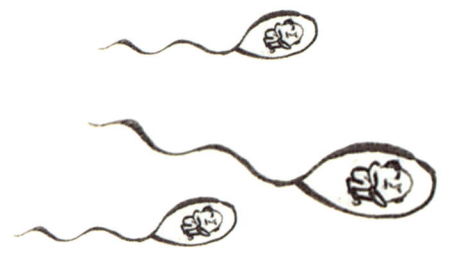

아이들은 종종 "아기는 어떻게 생겨요?"와 같은 질문을 하여 어른들을 당황하게 한다. 이와 같은 질문을 받을 때 흔히 남자는 씨, 여자는 밭에 비유하여 설명하곤 한다. 이런 설명은 맞는 것일까?

생식에 대한 과학적 지식이 없어도 사람은 아이를 낳고 기르면서 종족을 유지하며 살아왔다. 그러나 아주 오래전부터 과학자들은 사람이 어떻게 해서 태어나 자라고 늙고 죽는지에 대해 많은 관심을 가져왔다. 생식 현상을 마술의 문제가 아니라 자연적인 절차로서 이해하려는 최초의 노력은 기원전 1세기로 거슬러 올라간다. 그리스의 의사 소라누스는 오랜 관찰을 바탕으로 조산에 관한 일련의 논문인 〈부인과 의학〉을 저술했다. 이후로도 몇 세기에 걸쳐 증명되지 않은 이상한 학설이 많이 나와 인기를 얻었다 사라지곤 했다. 레오나르도 다 빈치의 '자궁 스케치'는 월경혈이 임신 중에는 보존되었다가 유방에서 모유로 변한다는 생각을 보여 주고 있다. 이는 물론 잘못된 생각이다.

당시에는 새로운 과학적 사실이 발견되어도 과학자들은 엉뚱한 상상을 하곤 했다. 네덜란드의 박물학자 레벤후크가 1677년에 획기적으로 정자를 발견하자, 당시 학자들은 남성 성세포에는 조그만 남자가 쭈그리고 들어가 있다고 생각했다. 어떤 사람은 말의 정자 속에 작은 말이 들어가 있는 것을 보았다고 주장하기까지 했다. 16세기 스위스의 화학자 파라셀수스는 인간의 정자와 말똥을 40일간 가열하면 영혼이 없는 조그만 사람을 만들 수 있다고 믿었다.

여기에는 남성 중심의 사고가 반영되어 있다. 다시 말해 남성의 정자 속에는 아주 작은 사람, 즉 한 인간을 결정하는 모든 요소가 들어 있으며, 여성의 난자와 몸은 단지 이러한 작은 사람이 완전한 인간이 되는 데 필요한 양분과 환경을 제공한다는 것이다. 이러한 생각은 한 개체의 운명은 태어나기 전에 이미 결정되어 있다는 결정론 또는 전성설을 반영하고 있다.

그러나 현미경과 같은 아주 작은 것도 확대할 수 있는 기술이 발달하면서 16, 17세기에 풍미했던 극미인(정자 속의 매우 작은 사람)의 존재는 잘못된 것임이 밝혀졌다. 또한 남성 중심의 극미인은 자식이 왜 부모를 모두 닮는지에 대한 설명을 충분히 할 수 없었다.

하나의 생명체가 태어나기 위해서는 남성의 정자와 여성의 난자가 수정되어야 한다는 사실이 알려지기까지 많은 시간이 흘렀고, 19세기 중반이 되어서야 생명의 위대한 기적을 이해하게 되었다. 그때부터 정자와 난자에는 각각 남성의 유전자와 여성의 유전자가 들어 있어 새 생명의 특성을 결정짓는다는 생각을 갖게 되었으며, 이후로는 하나의 생명체가 자랄 때 환경에 따른 변화의 가능성 또는 후성설(수정란이 발생하는 동안 점차 몸의 각 부분이 특정한 조직이나 기관이 되도록 결정한다는 학설)이 과학자들의 주목을 받았다.

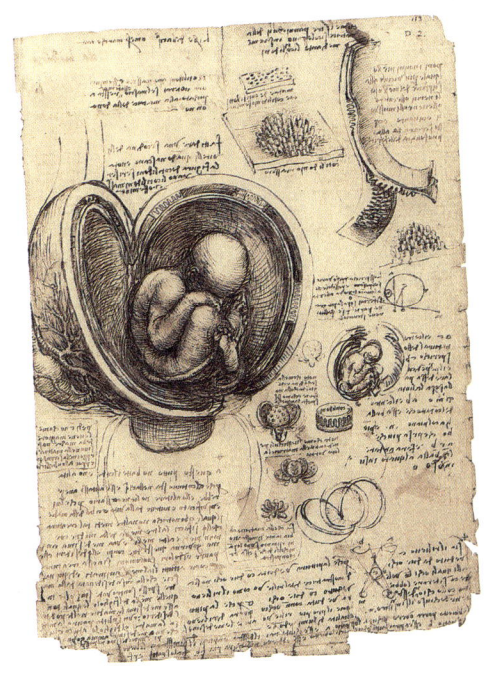

레오나르도 다 빈치의 자궁 스케치

03 생명체의 탄생

생명체가 태어나려면 280일 동안 엄마 배 속에서 자라야 합니다. 배 속의 아기는 엄마가 먹는 음식의 맛도 알고 주위에서 들려오는 목소리와 음악도 들을 수 있다고 해서 아기를 가진 엄마는 태교에 열심이지요. 그런데 정말 배 속의 아기가 이런 것들을 느낄 수 있을까요?

아기야, 잘 자라고 있니?

엄마, 고마워.

뭐가?

나, 동생이 있었으면 했거든….

얘도 참….

근데 언제야?

호호, 곧 낳을 거야.

❶ **아기, 희망의 탄생**

❷ **1란성 쌍둥이와 2란성 쌍둥이**

03 생명체의 탄생

❸ 생명의 시작

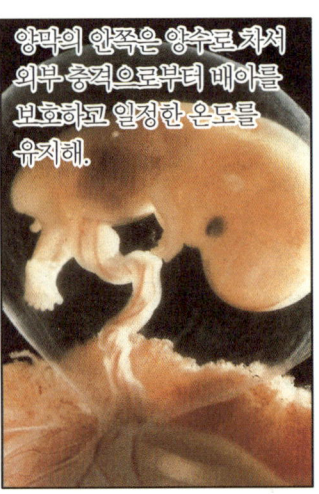

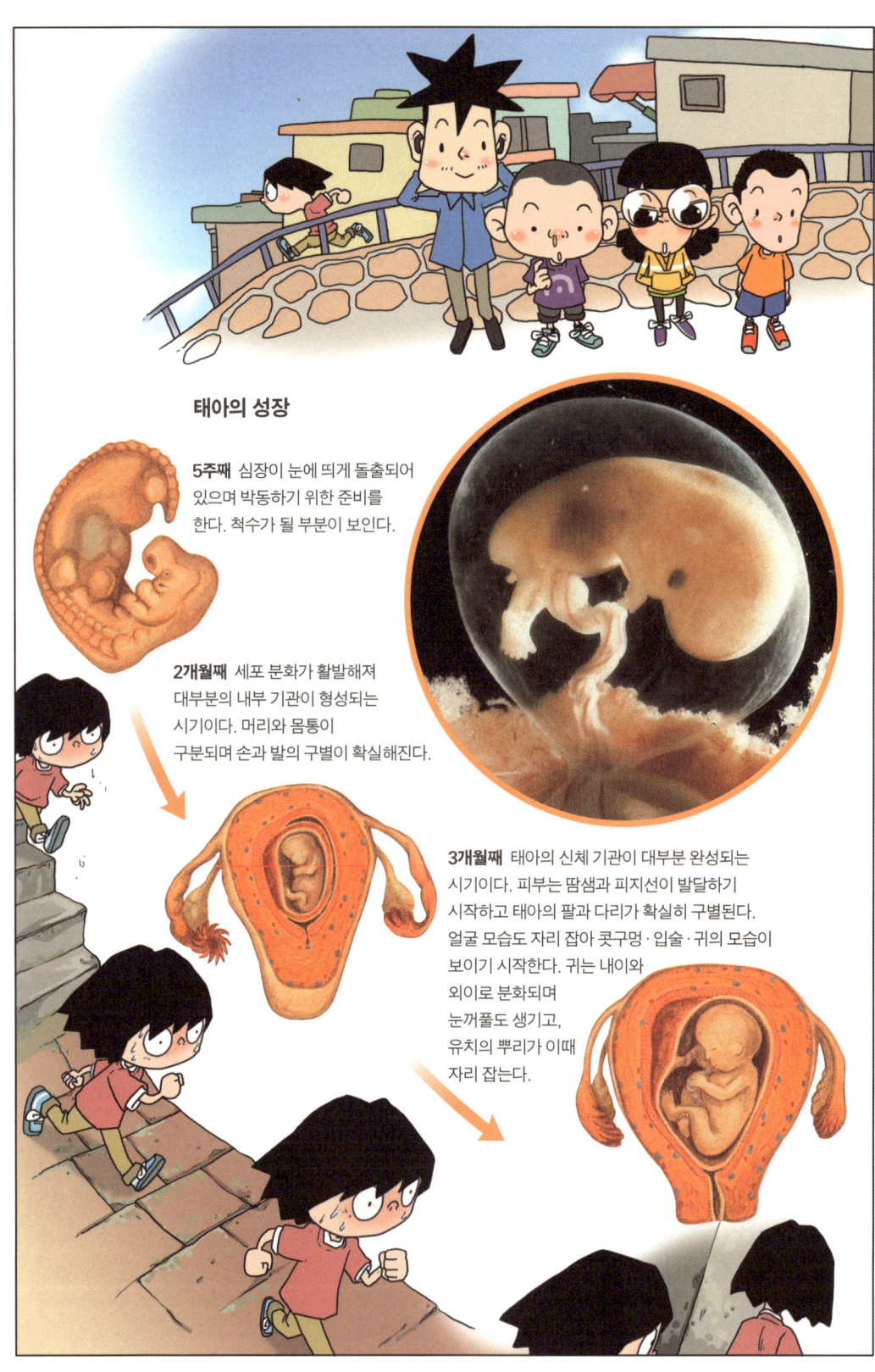

태아의 성장

5주째 심장이 눈에 띄게 돌출되어 있으며 박동하기 위한 준비를 한다. 척수가 될 부분이 보인다.

2개월째 세포 분화가 활발해져 대부분의 내부 기관이 형성되는 시기이다. 머리와 몸통이 구분되며 손과 발의 구별이 확실해진다.

3개월째 태아의 신체 기관이 대부분 완성되는 시기이다. 피부는 땀샘과 피지선이 발달하기 시작하고 태아의 팔과 다리가 확실히 구별된다. 얼굴 모습도 자리 잡아 콧구멍·입술·귀의 모습이 보이기 시작한다. 귀는 내이와 외이로 분화되며 눈꺼풀도 생기고, 유치의 뿌리가 이때 자리 잡는다.

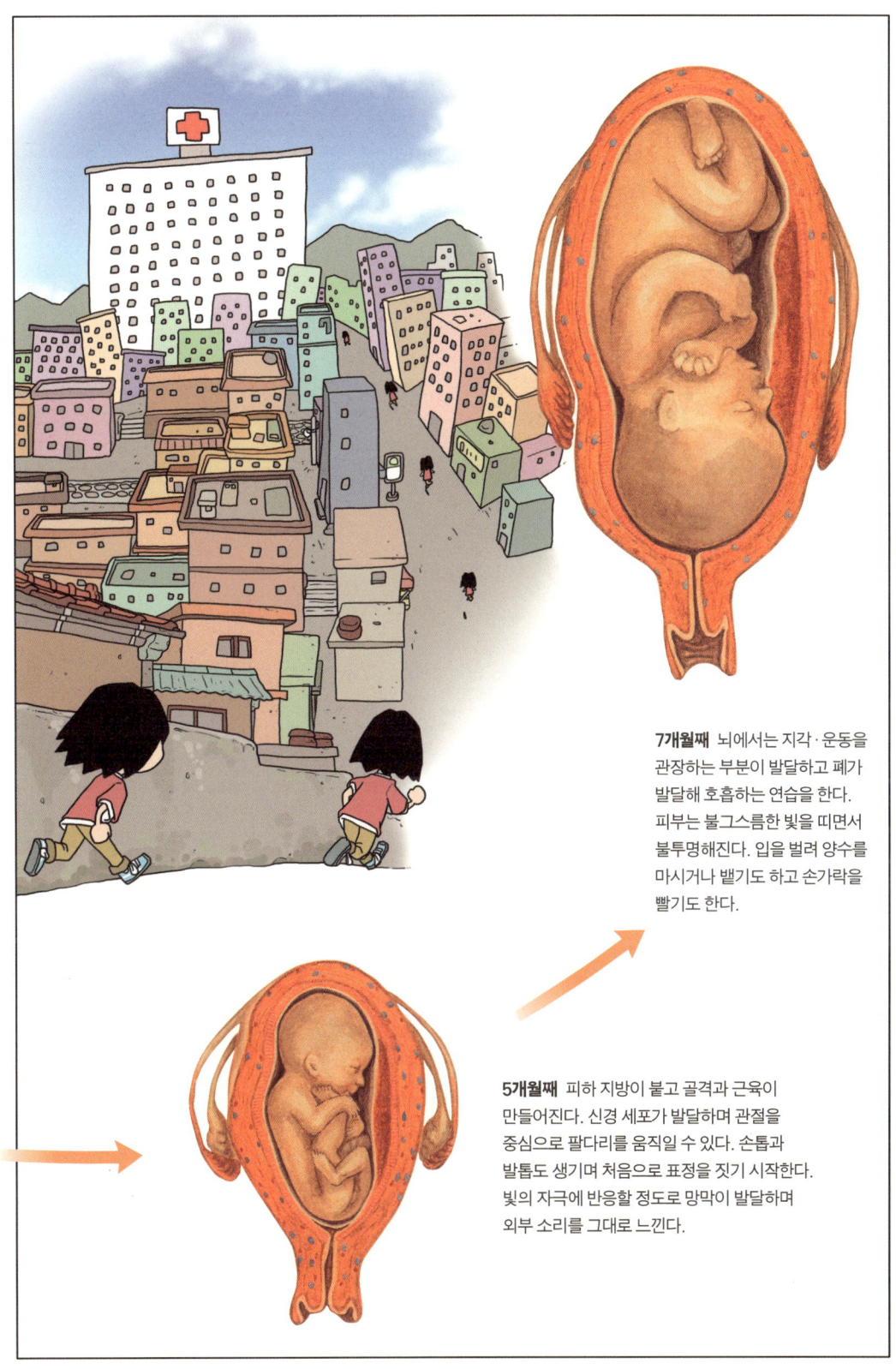

7개월째 뇌에서는 지각·운동을 관장하는 부분이 발달하고 폐가 발달해 호흡하는 연습을 한다. 피부는 불그스름한 빛을 띠면서 불투명해진다. 입을 벌려 양수를 마시거나 뱉기도 하고 손가락을 빨기도 한다.

5개월째 피하 지방이 붙고 골격과 근육이 만들어진다. 신경 세포가 발달하며 관절을 중심으로 팔다리를 움직일 수 있다. 손톱과 발톱도 생기며 처음으로 표정을 짓기 시작한다. 빛의 자극에 반응할 정도로 망막이 발달하며 외부 소리를 그대로 느낀다.

03 생명체의 탄생

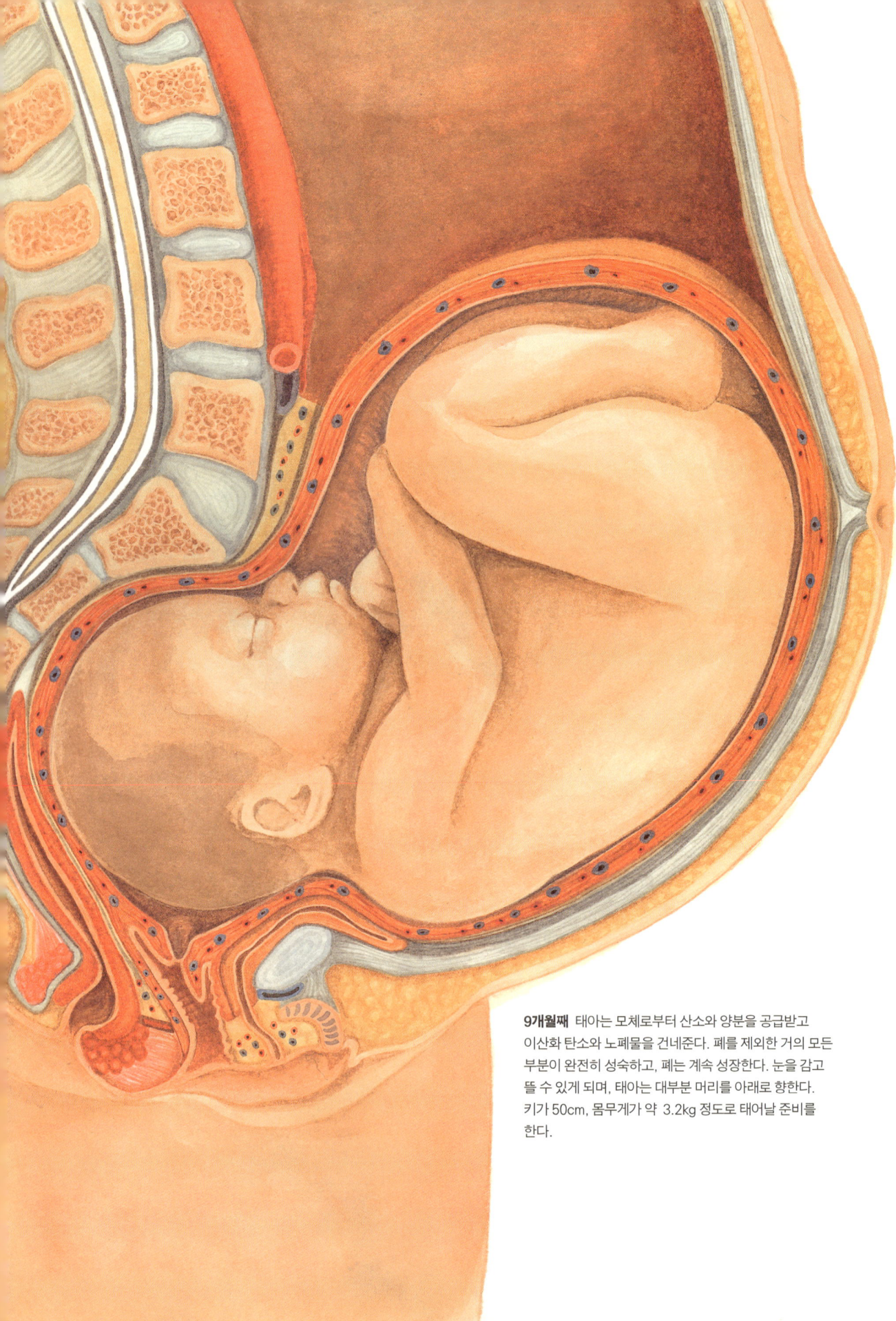

9개월째 태아는 모체로부터 산소와 양분을 공급받고 이산화 탄소와 노폐물을 건네준다. 폐를 제외한 거의 모든 부분이 완전히 성숙하고, 폐는 계속 성장한다. 눈을 감고 뜰 수 있게 되며, 태아는 대부분 머리를 아래로 향한다. 키가 50cm, 몸무게가 약 3.2kg 정도로 태어날 준비를 한다.

 **과학 톡톡**   **1란성 쌍둥이와 2란성 쌍둥이**

같은 쌍둥이도 1란성 쌍둥이와 2란성 쌍둥이는 외모에 차이가 있는데,
이는 발생의 과정이 다르기 때문이다.
1란성 쌍둥이와 2란성 쌍둥이의 발생 과정에서 나타나는 차이점은 무엇일까?

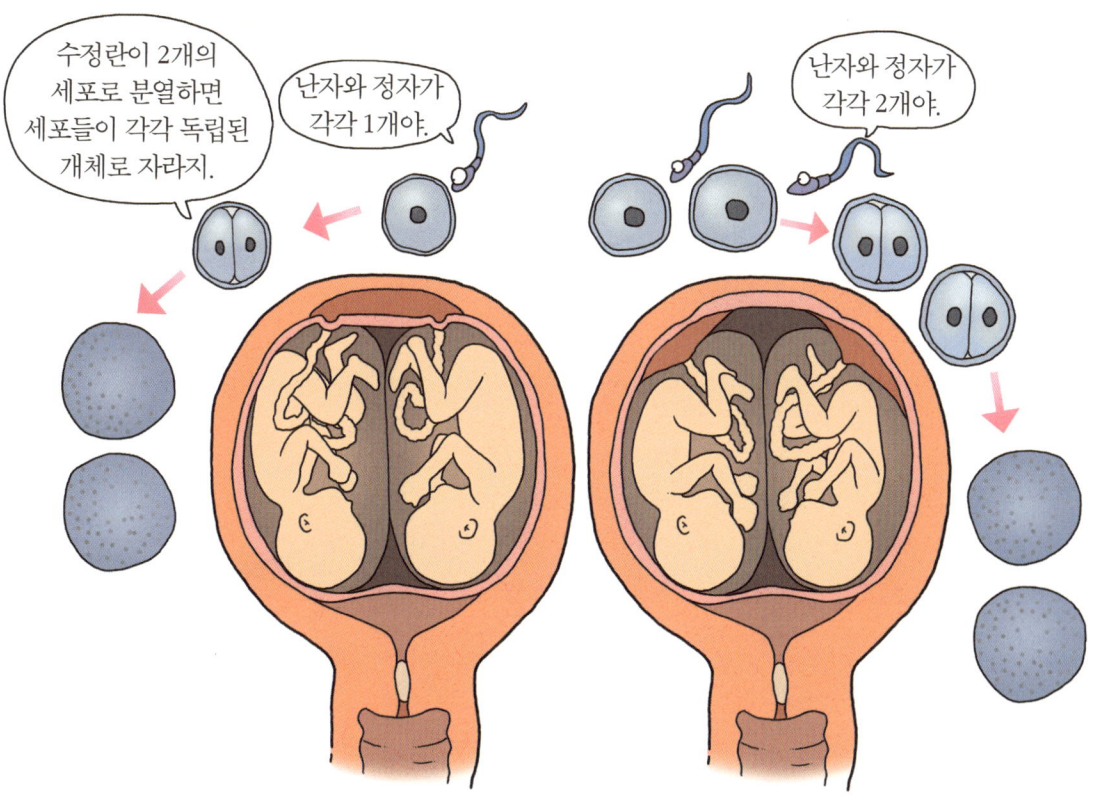

1란성 쌍둥이   2란성 쌍둥이

	1란성 쌍둥이	2란성 쌍둥이
남녀 성별	동일하다.	다를 수 있다.
생김새	동일하다.	다르다.
난자의 수	1개	2개
정자의 수	1개	2개

성의 결정과 염색체의 비밀

아기의 성은 언제 결정될까?

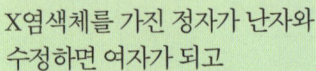

아기의 성은 임신 10주가 지나야 확실하게 구별할 수 있어. 10주까지는 배아의 형태에서 남녀에 따른 차이를 거의 찾아볼 수 없기 때문이야. 그러나 10주 이후가 되면 생식기의 양쪽면이 불룩해지고, 중앙의 작고 둥근 돌기로부터 발달해. 12~13주가 되면 여자아이인 태아는 그 돌기가 음핵으로 발달하고, 불룩한 부분은 음순이 되지. 남자아이의 경우 돌기는 음경으로, 불룩한 부분은 음낭으로 발달해.

염색체의 비밀

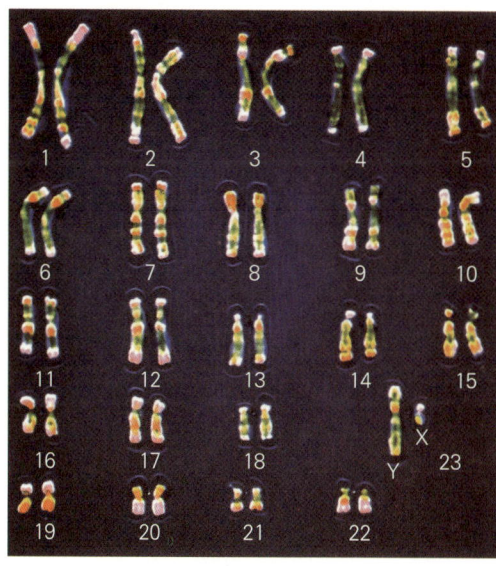

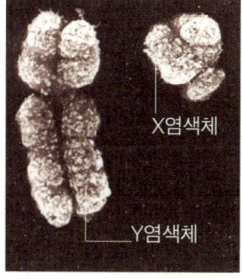

성 염색체 X염색체는 남녀 모두 가지며, Y염색체는 남성만 있다. 여성은 XX, 남성은 XY염색체를 가진다.

사람의 염색체 사람의 염색체는 23쌍으로 모두 46개이다. 23번째 염색체는 성을 결정하는 염색체이다.

한번 상처가 나면 좀체 피가 멎지 않는 혈우병은 돌연변이 유전자가 들어 있는 X염색체를 어머니로부터 물려받은 아들이 걸리는 병이다. 그렇지만 딸은 돌연변이 대립 유전자가 있어도 정상적인 유전자를 또 하나 갖고 있기 때문에 정상인이 된다.

혈우병은 '왕가의 병'이라고 부른다. 19세기 유럽 왕실에 혈우병 환자가 유독 많았기 때문이다. 이 유전병의 시작은 영국의 빅토리아 여왕이었다. 여왕에겐 딸이 다섯 있었는데, 그중 두 명이 겉으로는 증세가 없지만 혈우병 유전 인자를 가지고 있었다. 이 딸과 손녀들이 독일 및 러시아 왕실과 혼사를 맺으면서 혈우병은 여러 유럽 왕가로 퍼져 나갔다.

04 유전의 비밀

"콩 심은 데 콩 나고, 팥 심은 데 팥 난다."는 말처럼 생물은 자신과 닮은 자손을 남깁니다. 사람도 자신을 닮은 자식을 낳는데, 이런 현상을 '유전'이라고 하지요.
외모뿐 아니라 성격까지 닮는 이러한 유전 현상은 어떻게 설명할 수 있을까요?

어? 영배구나?

앗! 아저씨.

아빠, 인사하세요.

이쪽은 발명가 아저씨. 헤헤~

영배가 가르침을 많이 받고 있다는 이야긴 들었습니다.

아닙니다. 영배가 워낙 똑똑해서….

에~ 그러니까….

❶ 대를 이어 나타나는 유전 형질

04 유전의 비밀

❷ 유전학의 선구자, 멘델

멘델(1822~1884)

❸ 멘델의 유전 법칙

〈멘델이 실험했던 완두콩의 7가지 대립 형질〉

형질	종자의 모양	종자의 색	종자 껍질의 색	콩깍지의 모양	콩깍지의 색	꽃의 위치	줄기의 키
대립 형질 1	둥글다	황색	갈색	불룩하다	녹색	잎겨드랑이	크다
대립 형질 2	주름지다	녹색	흰색	잘록하다	황색	줄기의 끝	작다

❹ 멘델 법칙의 재확인

 **멘델의 유전 법칙**

멘델은 완두의 7가지 대립 형질을 선택하여 유전 실험을 했는데,
이 실험을 통해 밝힌 유전의 법칙 중 우열의 법칙은 무엇인지 알아볼까요?

> 키가 큰 완두 순종과 키가 작은 완두 순종을 교배하면 자손은 모두 키가 큰 완두만 나타나지요.

어버이 / 잡종 제1대

키 큰 완두 × 키 작은 완두 → 모두 키 큰 완두

> 순종의 둥근 완두와 주름진 완두를 교배하면 자손은 모두 둥근 완두만 나타나지요.

어버이 × → 잡종 제1대

완두콩의 실험에서 잡종 제1대에서 나타나는 형질을 '우성'이라 하고, 잡종 제1대에서 나타나지 않는 형질을 '열성'이라고 해.
즉, 키가 큰 형질과 둥근 형질은 우성, 키가 작은 형질과 주름진 형질은 열성이라고 할 수 있지. 이처럼 대립 형질을 갖는 순종의 두 개체를 교배하면 잡종 제1대에서는 어버이의 유전 형질 중에서 우성 형질만 나타나는데, 이를 '우열의 법칙'이라고 해.

05 지구의 역사와 고생물

지구는 46억 년 전에 생겨났습니다. 그 후 지구에서는 수많은 지각 변동이 있었고 무수한 생물이 번성했다가 사라졌습니다. 지구에서 일어났던 지각의 변화는 어떻게 알 수 있을까요? 또한 과거 지구에 살았던 생물의 종류와 지구 역사를 알아볼 수 있는 흔적에는 어떤 것들이 있을까요?

❶ 지층은 지구의 일기장

* 반감기: 방사성 원소의 양이 붕괴를 시작하여 처음 양의 2분의 1이 되기까지 걸리는 시간.

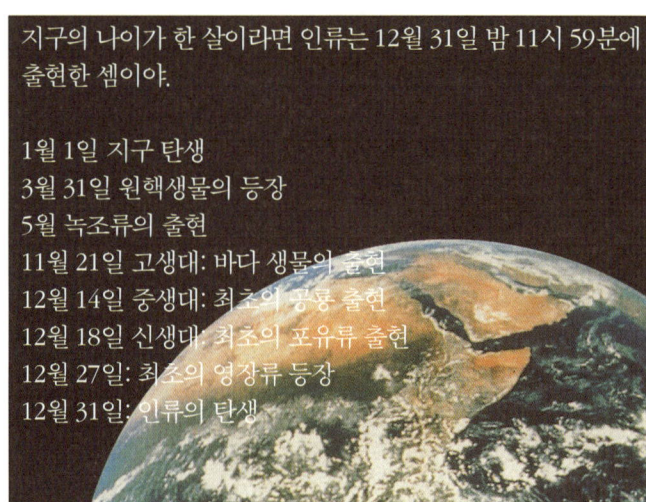

화석의 생성

생물의 유해나 흔적 등이 퇴적물에 매몰된 뒤 단단하게 굳어지고,
침식에 의해 위쪽 지층이 없어지면서 지표로 노출된다.

퇴적물에 매몰됨.   지층의 압력으로 굳어짐.   위층의 침식으로 화석이 노출됨.

❷ 고생물의 흔적들

삼엽충 화석
삼엽충은 과거 고생대에 살던 생물로, '세쪽이'라고도 한다. 외형으로 보아 해저를 기어 다녔던 것으로 추정된다. 삼엽충이 포함된 지층은 고생대에 생성된 것으로 볼 수 있다. 이와 같이 퇴적 시기를 알 수 있게 해 주는 화석을 '표준 화석'이라고 한다.

고사리 화석
오늘날 고사리는 따뜻하고 습기가 많은 지역에서 서식하므로 고사리 화석을 포함한 지층은 고온 다습한 지역에서 퇴적되었다고 추정할 수 있다. 이와 같이 퇴적 당시의 환경을 추정할 수 있게 해 주는 화석을 '시상 화석'이라고 한다.

지질 시대
지구의 탄생 무렵 또는 지구상에 최초의 암석이 형성된 시기부터 인류 문명이 시작되기 전까지의 기간으로, 선캄브리아 누대·고생대·중생대·신생대로 구분한다.

선캄브리아 누대

지구상에서 일어난 큰 변화

지금부터 약 46억 년 전 우주 공간에서 원시 지구가 탄생했다. 초기의 지구는 작은 천체들이 충돌할 때 발생한 열과 수증기로 뒤덮여 있었다. 고온 상태에서 증발한 수증기들은 온실 효과를 일으키면서 지표의 온도를 높였고, 지표면은 거의 마그마 상태로 존재했다. 시간이 지나면서

중생대 화석-암모나이트
중생대의 해저에서 번성하던 생물로, 공룡과 더불어 중생대의 대표적 표준 화석이다. 앵무조개와 비슷하며 암몬조개라 불리기도 한다. 대부분이 육식성으로 알려져 있다.

고생대 화석-완족류
삼엽충과 함께 고생대의 바다에서 번성하던 생물로, 오늘날의 조개와 비슷하지만, 조개와는 전혀 다른 생물이다. 고생대의 대표적 표준 화석이다.

고생대
5억 7,000만 년 전

작은 천체들의 충돌 횟수는 감소하기 시작하고 지표는 서서히 냉각되었다. 이 무렵 대기 중에 포함된 수증기들은 짙은 구름을 형성하고 엄청나게 많은 비를 뿌렸다. 지표의 냉각은 더욱 빨라지고 마침내 육지와 바다가 생성되었다. 원시 지구가 생성되고 대략 6억 년쯤 지난 뒤의 일이다.

원시 대기의 주성분은 메테인·이산화 탄소·암모니아 등이었을 것으로 추정한다. 따라서 바다의 성분도 지금과는 많이 달랐을 것이다. 한편, 원시 바다에서는 대략 34억 년 전에 최초의 생명체가 출현했다. 원시적인 단세포 생물이 출현한 이후 오랜 시간이 지나는 동안 많은 생물이 등장했고, 이들의 번성과 쇠퇴가 반복되었다. 지구의 과거는 이러한 생물체들의 커다란 변화를 기준으로 크게 4개의 지질 시대로 구분된다.

원시 바다 속에서 극소수의 생물이 등장했고 5억 7,000만 년 전 갑자기 많은 생물이 지구상에 등장했다. 삼엽충·완족류·벨렘나이트를 비롯하여 고사리와 같은 양치식물 등이 번성한 이 시기를 '고생대'라 한다. 2억 5,000만 년 전 갑자기 대부분의 생물이 멸종하고 공룡과 같은 파충류가 번성하기 시작했다. 그러나 6,500만 년 전 겉씨식물과 함께 번성했던 공룡 역시 지구에서 일어난 커다란 변화로 인해 멸종하고 말았다. 이때까지를 '중생대'라 한다. 그 후 포유류가 번성했는데, 이때부터를 '신생대'라 한다. 신생대에는 오늘날 볼 수 있는 대부분의 생물이 등장했으며, 속씨식물이 크게 번성했다. 그리고 신생대 말기에 이르러 인류의 조상이 출현했다.

중생대
2억 5,000만 년 전

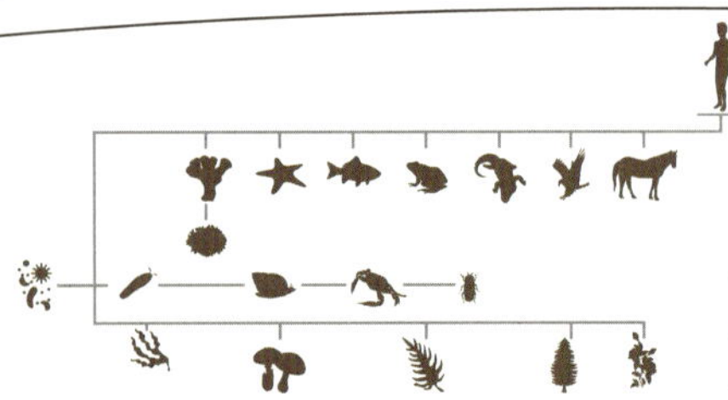

신생대
6,500만 년 전

생명의 진화
동물의 경우 어류 → 양서류 → 파충류 → 포유류로 진화했는데, 하등한 생물로부터 고등한 생물로 발전했다.

| 공룡의 멸종 |

중생대의 1억 6,000만 년에 걸쳐 계속된 공룡 시대가 6,500만 년 전에 갑자기 끝나고 말았다. 이 대재앙의 원인은 아직도 큰 수수께끼로 남아 있다. 최근 믿을 만한 지질학적 증거를 제시하여 공룡이 왜 멸종했는지 설명하고 있는 이론이 '운석 충돌설'이다.

이에 따르면 6,500만 년 전에 멕시코의 해안가에 떨어진 지름 약 10km의 운석 때문에 공룡이 멸종했다고 한다. 운석 충돌설에 따라 당시를 재현해 보자.

운석의 충돌 에너지가 열에너지로 바뀌고 그 열에 의해 생물체들이 타 죽는다. 또한 충돌로 생겨난 대량의 먼지가 대기권으로 올라가 태양빛을 차단한다. 따라서 지상의 온도는 하강하여 마치 핵겨울과 같은 상태가 된다. 이 상태는 상당 기간 지속되고, 생물체에게 최대의 피해를 입힌다.

시조새
중생대 말기에 등장한 시조새는 파충류에서 조류로 진화해 가는 중간 단계의 생물로 추정된다. 깃털이나 부리, 날개 등은 조류와 비슷하지만, 꼬리뼈 및 부리에 이빨이 나 있는 등 파충류의 특징도 함께 가지고 있기 때문이다.

신생대 화석 - 화폐석
신생대 바다에서 번성하던 렌즈 모양의 유공충으로, 껍데기의 외형과 모양이 돈과 비슷해서 '화폐석'이라 불린다.

그 후 먼지에 의해 두꺼워진 대기로 말미암아 온실 효과가 이어지고 기온이 상승해 생존에 타격을 받는다. 이런 과정 속에서 공룡을 비롯한 상당수의 생물체가 멸종했으리라는 것이 운석 충돌설의 기본 시나리오다.

최초의 인류

최초의 인류는 약 300만 년 전에 출현한 '오스트랄로피테쿠스'로 추정된다. 이들은 두개골이 현재의 인류보다 작았지만 두 발로 서서 걷는 직립 보행을 했고, 무리를 지어 생활했던 것으로 보인다. 진정한 의미의 현생 인류는 '호모 사피엔스'로 약 4만 년 전에 나타나 정교한 석기를 만들어 사용했다.

매머드
신생대에 살았던 생물로, 키는 약 4m, 몸무게는 4~10t에 이른다. 온몸이 긴 털로 덮여 있으며, 피하 지방이 두껍게 발달해 있다. 주로 시베리아를 비롯한 북극권에 많이 서식했다.

최초의 인류는 아담과 이브 아닌가…?

어련하시겠니!

❸ 생물의 생존 비법, 진화

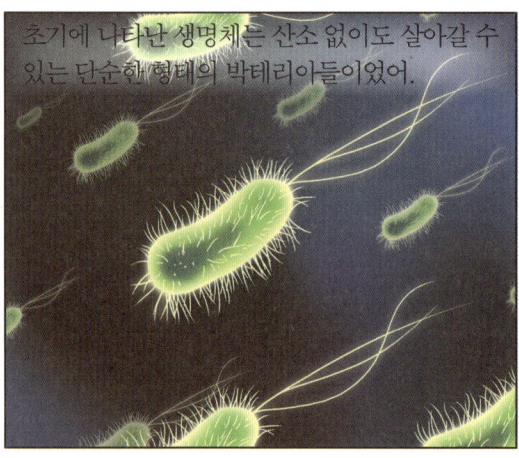

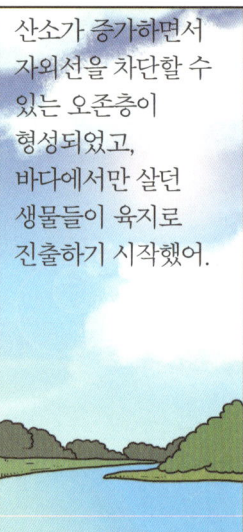

 교과서 밖 과학

지구의 나이는 어떻게 알까?

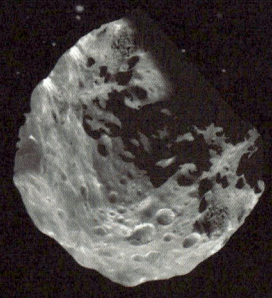

자연계에는 원자 번호가 같지만 중성자 수는 다른 동위 원소들이 있다. 이 가운데 원자 상태가 불안정해서 방사선을 방출하면서 붕괴하여 다른 원소로 변하는 것들이 있는데, 이들을 '방사성 동위 원소'라고 한다.

방사성 동위 원소들이 붕괴하여 다른 원소로 변하는 기간은 제각기 다르다. 방사성 원소의 양이 처음의 절반으로 줄어드는 데 걸리는 시간을 반감기라고 하는데, 반감기는 주위의 물리적·화학적 조건에 관계없이 핵물질의 종류에 따라 고유한 값을 갖는다. 따라서 지층의 암석 속에 포함된 방사성 원소의 반감기를 알고 그 성분비를 분석해 보면, 암석이 생성된 시기를 알아낼 수 있다. 과학자들은 지층이나 암석의 나이를 알아보기 위해 이처럼 암석 속에 포함된 방사성 원소들을 이용한다.

운모나 장석에 포함되어 있는 칼륨은 약 13억 년이 지난 뒤 처음 양의 절반이 아르곤으로 변한다. 곧 암석이 생성될 당시에 포함되어 있던 칼륨은 13억 년이 지난 뒤에 50%가 되고, 다시 13억 년이 지난 뒤에는 처음 양의 25%가 남는다. 결국 암석 속에 남아 있는 아르곤과 칼륨의 비가 75% : 25%라면, 그 암석이 26억 년 전에 생성되었다는 것을 알 수 있다. 이같이 암석 속에 포함된 방사성 원소의 반감기를 이용하여 측정한 암석의 나이를 '절대 연령'이라고 한다.

지구상에서 가장 오래된 암석의 연령을 확인한다면, 지구의 나이를 추정하는 데 도움이 될 것이다. 방사성 동위 원소를 이용하여 측정한 가장 오래된 암석은 캐나다의 아카스타 지역에서 발견되었다. 이 암석의 절대 연령은 40억 년 정도라고 한다. 그렇다고 해서 지구의 탄생기가 이 무렵이라고 보지는 않는다. 지구가 탄생한 시기는 그보다 훨씬 더 오래되

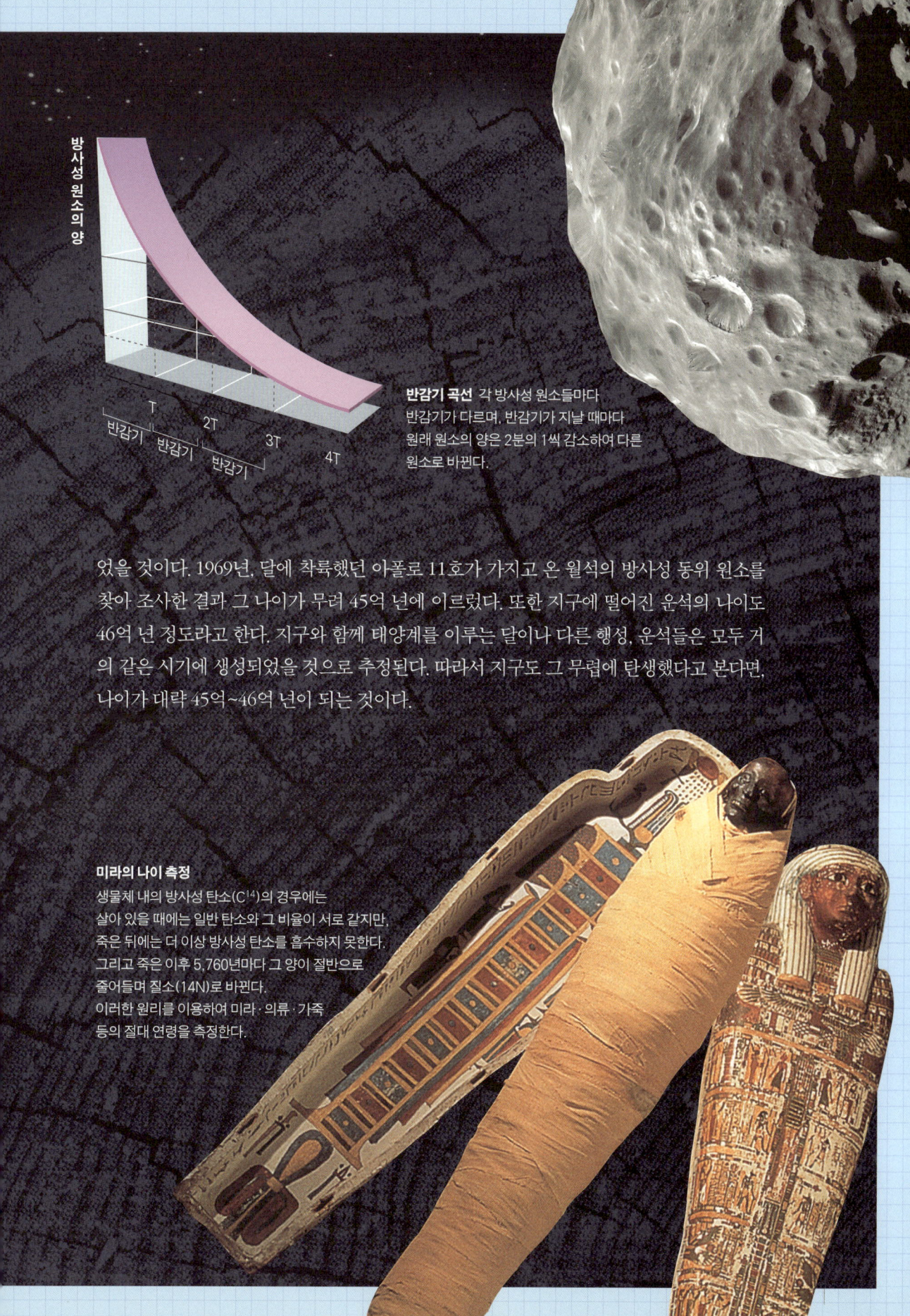

반감기 곡선 각 방사성 원소들마다 반감기가 다르며, 반감기가 지날 때마다 원래 원소의 양은 2분의 1씩 감소하여 다른 원소로 바뀐다.

었을 것이다. 1969년, 달에 착륙했던 아폴로 11호가 가지고 온 월석의 방사성 동위 원소를 찾아 조사한 결과 그 나이가 무려 45억 년에 이르렀다. 또한 지구에 떨어진 운석의 나이도 46억 년 정도라고 한다. 지구와 함께 태양계를 이루는 달이나 다른 행성, 운석들은 모두 거의 같은 시기에 생성되었을 것으로 추정된다. 따라서 지구도 그 무렵에 탄생했다고 본다면, 나이가 대략 45억~46억 년이 되는 것이다.

미라의 나이 측정
생물체 내의 방사성 탄소(C^{14})의 경우에는 살아 있을 때에는 일반 탄소와 그 비율이 서로 같지만, 죽은 뒤에는 더 이상 방사성 탄소를 흡수하지 못한다. 그리고 죽은 이후 5,760년마다 그 양이 절반으로 줄어들며 질소($14N$)로 바뀐다.
이러한 원리를 이용하여 미라·의류·가죽 등의 절대 연령을 측정한다.

06 생물과 에너지

시계에 전지를 넣어 주지 않으면 시곗바늘은 움직이지 않습니다. 에너지가 공급되지 않기 때문이지요. 사람 역시 음식물을 섭취하여 에너지를 얻어야 살아갈 수 있습니다. 그러면 음식물 속의 에너지는 어디에서 비롯하고, 생물체는 이 에너지를 어떻게 이용할까요?

나는 톰슨가젤입니다. 소목 소과에 속하는 동물로 몸길이는 80cm에서 1.1m 정도이고, 몸무게는 16~25kg입니다. 주로 풀을 먹으며 무리를 지어 생활합니다.

나는 탄자니아의 세렝게티 평원에 살고 있습니다. 지금은 우기···. 아마도 비가 그치고 나면 황새와 큰물떼새가 모여들 것입니다.

❶ 생태계에서 에너지의 흐름

❷ 생물 에너지의 근원, 태양

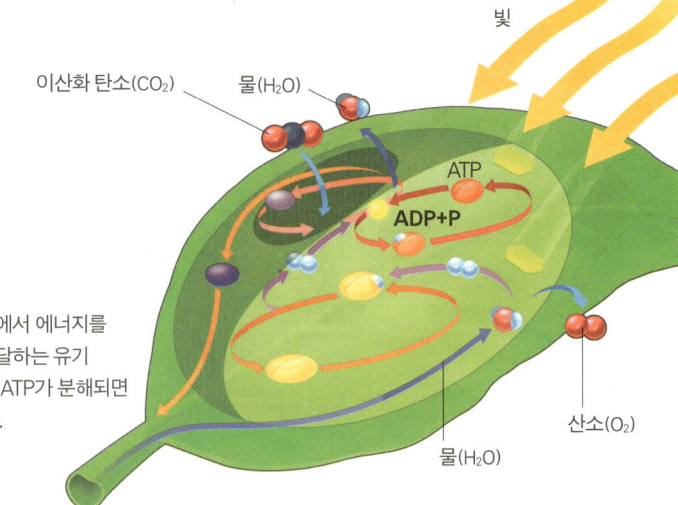

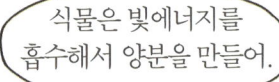

ATP
모든 생물체에서 에너지를 저장하고 전달하는 유기 화합물이다. ATP가 분해되면 ADP가 된다.

❸ **세포 호흡과 에너지**

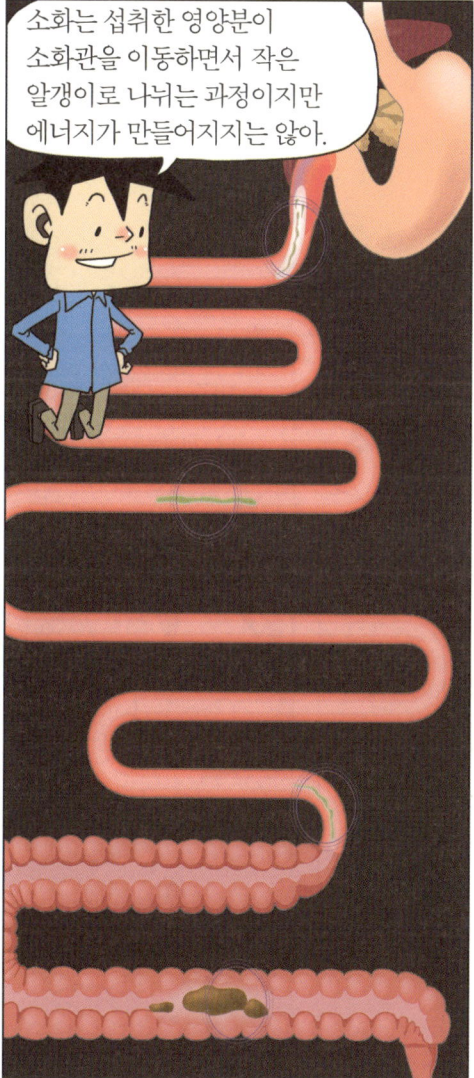

이때 에너지를 방출시켜 심장 박동, 호흡 운동 등과 같은 생명 활동에 쓰는 거야.

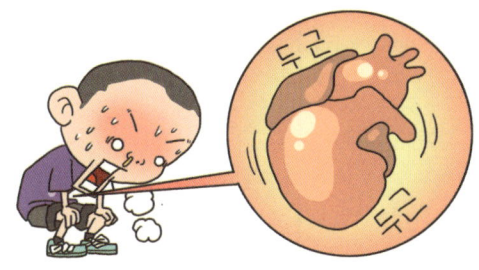

에너지양	증상	체중
섭취 < 소모	인체에 저장된 글리코젠·지방·단백질이 에너지원으로 쓰인다.	감소
섭취 > 소모	영양분이 과도하게 쌓여 체중이 늘어난다.	증가

 **생물이 이용하는 에너지**

세포에서 양분을 분해하여 얻은 에너지는 어떤 과정을 거쳐 이용될까? 생물은 포도당과 같은 화합물의 에너지를 ATP라고 하는 에너지 저장 물질에 저장해 두었다가 생활 에너지가 필요할 때 이용한다. 이 과정은 휴대전화의 배터리를 충전한 다음 사용하는 과정에 비유할 수 있다.

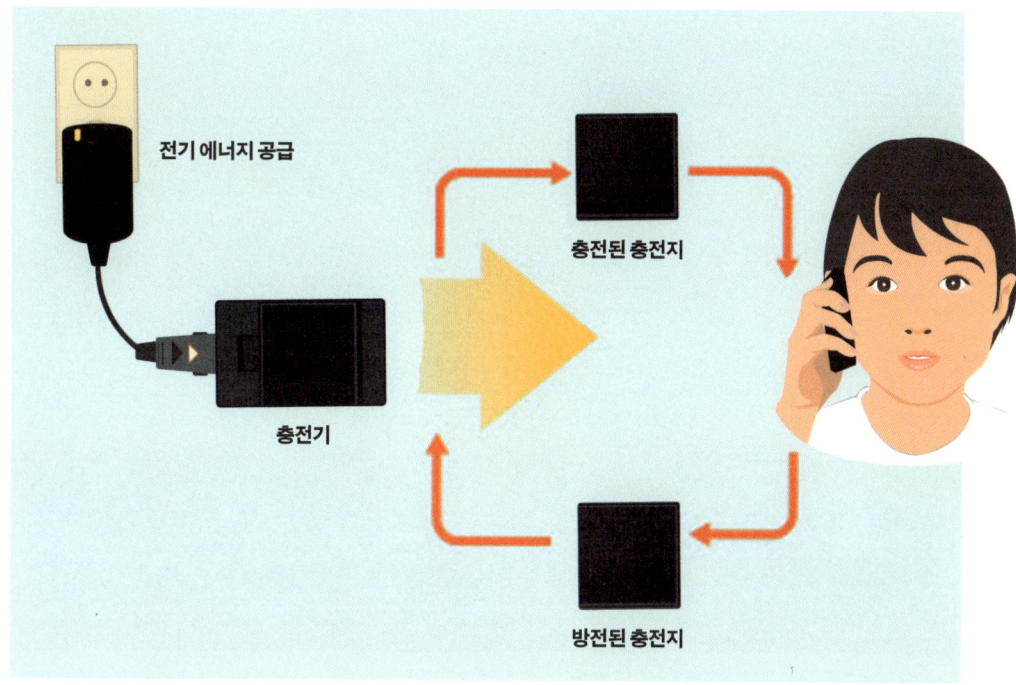

ATP는 에너지 저장 물질로 모든 생물은 ATP가 분해될 때 방출되는 에너지를 이용해서 살아가지. ATP가 분해되면 ADP가 돼.

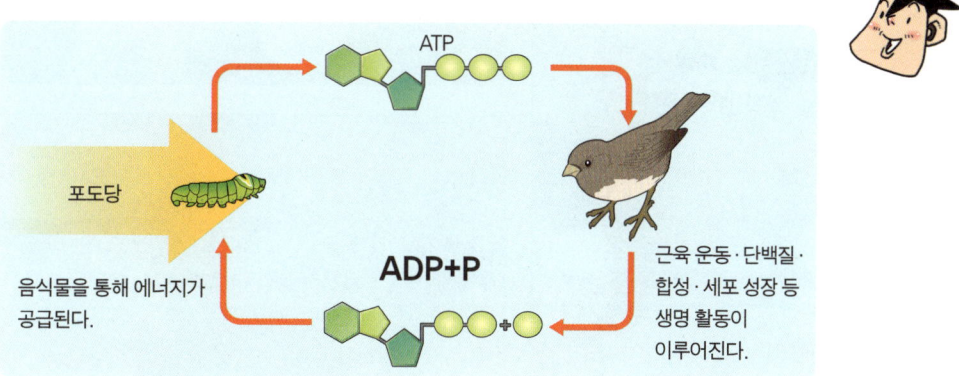

ADP에 에너지가 공급되면 다시 ATP가 돼.

07 빛과 생물

해바라기는 햇빛을 향해 자라고, 불나방은 불빛을 향해 날아갑니다. 불빛에 너무 가까이 다가가다가 타 죽어 버리는 불나방도 있지요. 또한 반딧불이처럼 스스로 빛을 내는 생물도 있답니다. 빛과 생물은 어떤 관계가 있을까요?

와~ 정말 신기하다!

전 아저씨가 이런 걸 만들어 내실 줄 알았어요!

돈 좀 썼지. 으흥~

아무리 만화라지만 너무 과장이….

그런데 여기가 어디죠?

여기는 세계에서 가장 깊은 마리아나 해구야.

으악~

❶ 빛이 없어도 생물이 살아갈 수 있을까?

❷ **식물은 빛을 이용해 양분을 만들어 살아간다**

❸ 빛을 좋아하는 동물과 싫어하는 동물

여름철에 불빛 주위로 모여드는 벌레를 본 적이 있을 거야.

아가씨, 우리 불빛 축제에서 젊음을 불살라 볼까요?
좋아요!

나방이나 모기 같은 곤충들은 불빛에 모여들지만 바퀴벌레나 귀뚜라미 같은 곤충들은 빛을 피해 다니지.

우린 어둠의 자식들이야.
나방 족속은 이해할 수가 없어.

동물이나 곤충은 외부에서 주어지는 자극에 반응해. 이런 성질을 '주성'이라고 하는데

특히 빛(光)에 반응하는 성질을 '주광성'이라고 해.

走 光 性
달릴 주 빛 광 성질 성

가면 타 죽어. 하지만 가야 해.

이런 습성을 이용해 해충을 퇴치하는 기구도 있지.

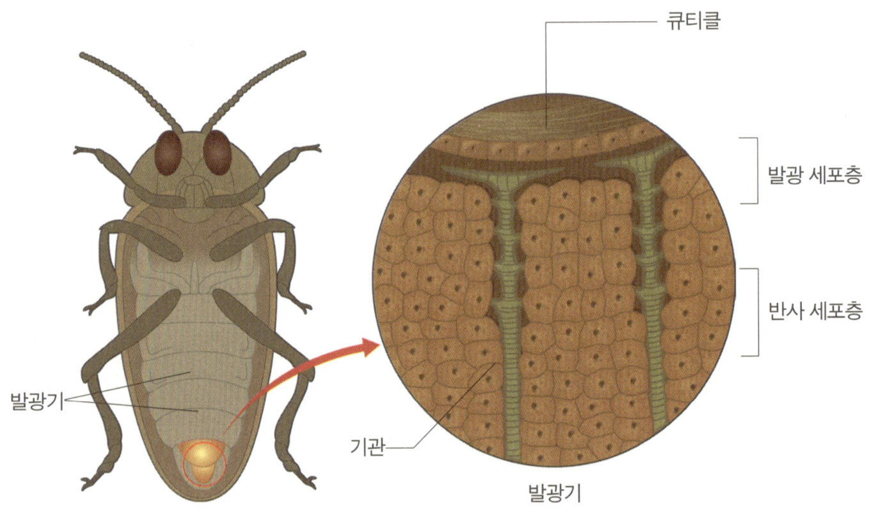

반딧불이의 발광

반딧불이의 배마디 부분에는 연한 노란색의 빛을 내는 기관이 있다. 이 빛은 '루시페린'이라는 물질이 '루시페레이스'라는 효소에 의해 산소와 반응해서 일어난다. 빛의 색깔은 보통 노란색 또는 황록색이며 파장은 500~600nm(나노미터)이다.

 **과학 톡톡**　　　**동물의 주성**

동물이 자극에 대해 일정한 방향으로 이동하는 것을 '주성'이라 한다. 이때 자극이 주어지는 방향으로 이동하면 양성 주성이고, 자극과 반대 방향으로 이동하면 음성 주성이다. 몇 가지 자극과 그에 따른 동물의 반응을 살펴보자.

1. 주광성 : 빛에 대한 동물의 반응

2. 주화성 : 화학 물질에 대한 동물의 반응

3. 주지성 : 중력에 대한 동물의 반응

투명 인간은 왜 불가능할까?

누구나 한 번쯤은 투명 인간에 대해 상상해 본 적이 있을 것이다. 다른 사람들에게 나의 존재가 보이지 않는다면 얼마나 자유롭게 행동할 수 있을까? 영화나 소설에서는 투명 인간에 대한 사람들의 꿈이 실현되었다. 그렇다면 과연 현실에서도 투명 인간이 존재할 수 있을까?

과학적으로 따져 볼 때 투명 인간은 불가능하다. 우선 투명 인간은 맹인일 수밖에 없다. 사람이 사물을 보는 데 반드시 필요한 요소는 수정체·망막·시신경이다. 외부 사물의 모습은 렌즈 역할을 하는 수정체를 거쳐 망막에 영상으로 맺힌다. 이 영상 자료가 시신경을 통해 뇌로 전달될 때 비로소 물체를 보게 되는 것이다. 이 중에서 수정체와 시신경은 투명해도 상관이 없지만, 망막은 절대로 투명해서는 안 된다. 외부 사물의 모습이 영상으로 맺혀야 볼 수 있는데, 투명하면 상이 맺히지 않기 때문이다. 즉 투명 인간이 옷을 벗어 알몸이 되더라도 맹인이 아닌 이상 눈은 다른 사람들에게 발견되고 말 것이다.

또한 투명 인간은 끼니를 잇는 것도 쉽지 않다. 음식물은 소화 과정을 거쳐 완전히 배설되기 전까지는 항상 몸 안에 남아 있다. 만약 투명한 모습으로 외출하고 싶다면 먼저 위장이 깨끗이 비었는가를 확인해야 한다. 음식물은 신체의 일부가 아니기 때문이다. 게다가 방광에서는 수시로 오줌이 만들어지므로 이것도 그때그때 몸 밖으로 배출해야 한다.

투명 인간이 은행을 털려고 마음먹었다 하더라도 쉬운 일이 아니다. 사람의 몸에는 체온이 있고, 투명 인간도 체온을 숨길 수는 없기 때문이다. 비밀 금고에 몰래 들어가더라도 신체에서 발산되는 적외선 때문에 적외선 감지기에 걸리고 만다. 또한 완벽하게 투명해지기 위해서는 몸에 달라붙는 미세한 먼지들을 계속 털어 내야 한다. 투명 인간으로 남기 위한 조건은 이처럼 까다롭기 그지없다.

투명 인간은 과학적으로는 불가능에 가깝지만 문학 속에서는 다양한 모습으로 나타난다. 투명 인간이라는 개념이 일반인들에게 널리 알려진 것은 1897년에 영국의 작가 조지 웰스가 《투명 인간》이라는 소설을 발표하면서부터이다. 이 소설은 한 과학자가 인체의 세포를 투명하게 만드는 기술을 개발하는 것에서 출발한다. 그는 자신을 대상으로 투명 인간 실험을 성공시키고 투명 인간이 되지만, 그 부작용으로 차츰 본성을 잃고 미쳐 간다. 보이지 않는 범인이 저지르는 살인으로 세상은 공포에 휩싸이게 된다. 이 소설은 1933년에 영화로도 만들어져 많은 사람의 주목을 받았다. 영화의 마지막 장면에서 투명 인간은 사람들에게 쫓기면서 눈 위에 발자국을 남겨 사살되고 만다. 그런데 발자국은 이상하게도 구두 발자국이었다. 이후 투명 인간이 주인공으로 등장한 소설뿐만 아니라 게임, 영화 등이 많이 발표되었다.

〈투명 인간의 사랑〉 포스터
투명 인간을 소재로 한 영화로,
과학적 측면을 적절하게 살린
영화로 꼽힌다.

3 우주

01 태양계 | 02 별과 별자리 | 03 은하수와 우리 은하
04 우주를 향한 도전 | 05 우주에서 살아가기

01 태양계

태양은 하늘에 떠 있는 수많은 별 가운데 하나입니다. 하지만 태양에서 오는 에너지가 없다면 지구에는 어떤 생명체도 살 수 없을 것입니다. 태양의 영향을 받고 있는 태양계 가족에는 어떤 천체들이 있을까요?

❶ 스스로 빛나는 별, 태양

❷ 지구와 달

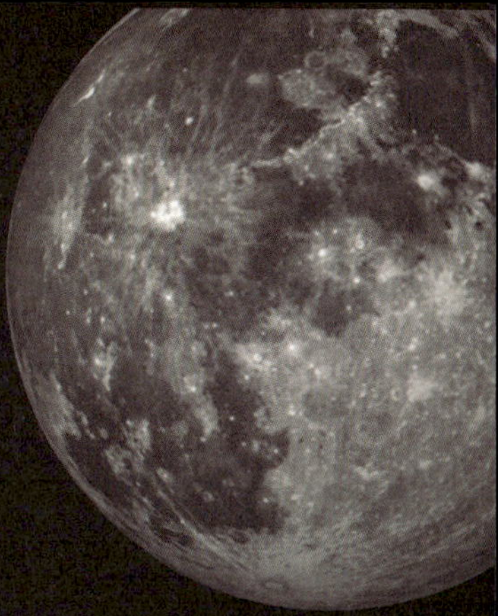

- 지구는 태양계에서 유일하게 생명체가 존재하는 천체야.
- 대기와 해수, 그리고 온화한 기후 조건을 갖춘 덕분이야.
- 내가 에너지를 보내 주는 것도 잊지 마.

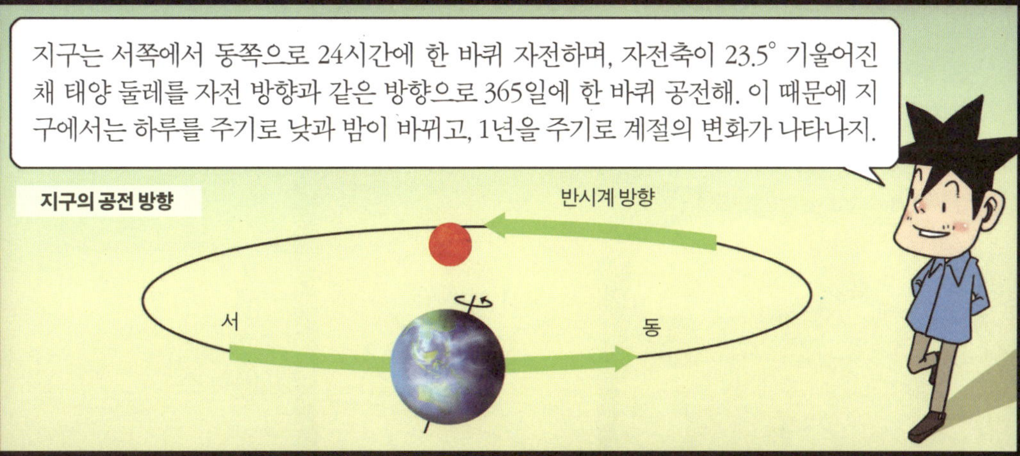

지구는 서쪽에서 동쪽으로 24시간에 한 바퀴 자전하며, 자전축이 23.5° 기울어진 채 태양 둘레를 자전 방향과 같은 방향으로 365일에 한 바퀴 공전해. 이 때문에 지구에서는 하루를 주기로 낮과 밤이 바뀌고, 1년을 주기로 계절의 변화가 나타나지.

지구의 공전 방향

반시계 방향

서 / 동

지구는 축복받은 천체구나!

❹ 그 밖의 태양계 가족들

혜성
태양에 가까워지면서 태양의 반대 방향으로 긴 꼬리가 발달하기 때문에 '꼬리별'이라 불리기도 한다.

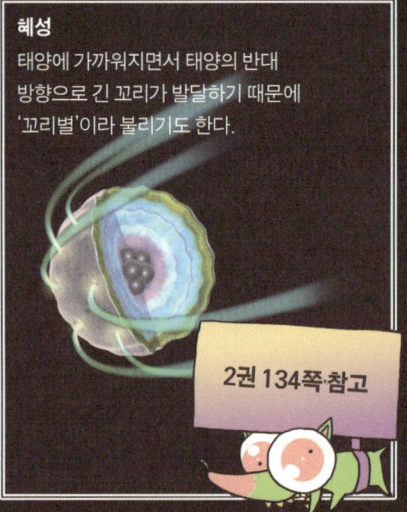

2권 134쪽 참고

위성
달처럼 행성 주위를 공전하는 천체를 '위성'이라고 한다.

소행성
화성과 목성 사이에서 태양 둘레를 공전하며 지름이 수 km에서 수백 km에 이른다.

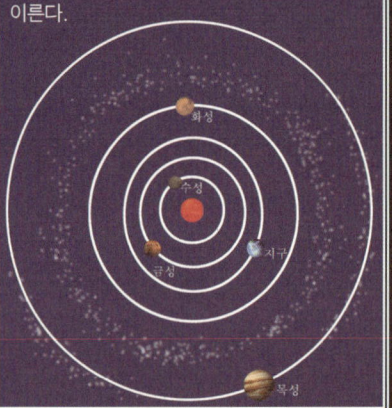

유성과 운석
작은 천체 조각들이 우주를 떠돌다가 지구의 인력에 의해 지표로 떨어지는 경우가 있는데 이것을 '유성'이라고 한다.
유성은 대기권을 지나며 마찰에 의해 불에 타 없어지지만 어떤 것은 지표에 떨어지기도 한다. 이것을 '운석'이라 한다.

2006년 8월에 열린 국제천문연맹(IAU) 총회에서는 행성에 대한 새로운 정의를 세웠다. 이 정의에 따르면 행성은 자체 중력으로 구형을 이루며, 태양의 둘레를 공전하고, 자신의 공전 궤도 내에서 다른 천체들을 흡수하여 주도적 위치를 차지하고 있는 천체이다.

이러한 행성의 기준에 따라 해왕성의 공전 구역 안에 있던 명왕성은 행성 지위를 박탈당하고 새롭게 정의된 '왜소 행성'으로 분류되었다.

'왜소 행성'이란 태양 주위를 공전하고 구형을 이룰 정도로 자체 중력을 가지고 있으며, 위성도 아니지만 궤도 주변의 다른 천체들을 흡수하지 못한 천체로 정의된다.

따라서 명왕성 외에 행성 후보로 언급되었던 화성과 목성 사이의 가장 큰 소행성인 '케레스', 명왕성과 동반 행성의 관계로 논의되던 '카론', 2003년 10월에 발견된 '에리스' 등도 명왕성과 함께 '왜소 행성'으로 분류된다.

결국 새로운 기준에 따라 태양계는 고전적인 의미의 '행성'과 새롭게 추가된 왜소 행성, 혜성·소행성 같은 '태양계 소형 천체들'이란 3등급으로 나뉘었다.

이는 과학 지식이 과학자들 사이의 약속과 정의에 따라 만들어진다는 것을 알 수 있는 좋은 예이다.

 교과서 밖 과학

태양계의 가족들

태양계는 태양을 비롯하여 태양의 인력의 영향을 받고 있는 행성과 위성들, 소행성, 혜성, 유성과 운석 등을 모두 포함한다. 물론 이 중에서 태양만이 스스로 빛을 내는 유일한 항성으로, 태양계 전체 질량의 약 99.8%를 차지하고 있다. 태양계를 구성하는 천체들은 태양과 행성의 인력에 의해 다양한 운동을 하고 있다. 행성들의 경우에는 공전 방향이 태양의 자전 방향과 일치하며, 공전 궤도면 역시 거의 비슷한 평면상에서 공전 운동을 하고 있다.

태양
태양은 태양계의 중심에 위치하며, 태양계 전체에 에너지를 공급한다.
태양에서는 눈으로 볼 수 있는 가시 광선뿐 아니라 적외선·자외선·전파 등을
방출하고 있다. 태양계를 벗어나 태양처럼 빛을 내는 가장 가까운 별까지의
거리는 무려 4.3광년이나 된다.

〈태양계〉

행성의 특징

수성(Mercury)
태양계의 행성 중 태양에 가장 가까운 행성이다. 대기와 물이 없기 때문에 표면에 운석의 충돌 흔적이 그대로 남아 있어 달의 표면과 흡사하다.
반지름 : 2430km
질량 : 3.3×10^{23}kg
자전 주기 : 58.65일
공전 주기 : 87.97일

금성(Venus)
태양계의 행성 중 가장 밝게 보이며, 두꺼운 이산화 탄소의 대기층으로 인해 표면 온도와 기압이 매우 높다. 금성은 적도면과 공전 궤도면의 경사가 88°에 이르고 있어 자전 방향이 반대로 나타나고 있으며, 황도면에 거의 누워 있는 상태로 공전하고 있다.
반지름 : 6,051km
질량 : 4.87×10^{24}kg
자전 주기 : 243일
공전 주기 : 224.7일

지구(Earth)
태양계의 행성 중 유일하게 생명체가 존재하는 것으로 알려져 있으며, 질소와 산소가 주성분인 대기층을 가지고 있다. 표면의 대부분을 바다가 차지하고 있으며, 자전축이 약 23.5° 기울어져 있어 계절의 변화가 나타난다.
반지름 : 6,400km
질량 : 5.98×10^{24}kg
자전 주기 : 24시간
공전 주기 : 1년(365일)

화성(Mars)
붉은색을 띠는 행성으로, 크기가 지구 절반 정도이다. 하루의 길이는 지구와 비슷하며 자전축이 25.3° 기울어져 있어 계절의 변화도 나타난다. 엷은 이산화 탄소의 대기층을 가지고 있으며, 2개의 위성이 화성 둘레를 공전하고 있다.
반지름 : 3,390km
질량 : 6.4×10^{23}kg
자전 주기 : 24시간 37분
공전 주기 : 687일

목성(Jupiter)
태양계의 행성 중 가장 큰 행성으로, 태양계 내 행성 질량의 3분의 2를 차지한다.
가벼운 수소와 헬륨이 주성분이며, 행성들 중 가장 빠르게 자전하고 있다. 표면에서는 적도와 나란한 가로줄 무늬와 대적점이 관측된다.
반지름 : 71,492km
질량 : 1.9×10^{27}kg
자전 주기 : 약 0.4일
공전 주기 : 11.86년

토성(Saturn)
목성 다음으로 크며, 얼음 조각과 먼지로 이루어진 크고 아름다운 고리를 가지고 있다. 수소와 헬륨 기체가 주성분이며, 밀도는 물보다도 작은 $0.7/cm^3$ 이므로 물에 뜰 수 있는 정도이다.
가장 큰 위성인 타이탄을 비롯하여 20여 개 이상의 위성을 거느리고 있다.
반지름 : 60,268km
질량 : 5.68×10^{26}kg
자전 주기 : 10.2시간
공전 주기 : 29.5년

천왕성(Uranus)
수소와 헬륨으로 이루어진 가벼운 행성으로 태양계 행성 중 세 번째로 크다. 거리가 멀어서 육안으로는 관측되지 않는다. 평균 표면 온도는 약 -170℃이며 상층 대기의 메테인 성분으로 인해 청록색을 띤다. 자전축이 약 98° 기울어져 있어 공전 궤도면과 거의 비슷하다.
반지름 : 25,559km
질량 : 8.7×10^{25}kg
자전 주기 : 17.9시간
공전 주기 : 84년

해왕성(Neptune)
수소와 헬륨이 주성분인 목성형 행성으로 수소, 헬륨 외에 암모니아, 메테인으로 이루어진 대기층을 가지고 있다. 남반구의 표면에 커다란 검은점(대암점)이 관측되며, 적도 부근에 고리도 존재한다.
반지름 : 24,766km
질량 : 1.02×10^{26}kg
자전 주기 : 19.1시간
공전 주기 : 164.8년

천왕성　　　　　　　　　　　　　　　　　　해왕성
30억　　　35억　　　40억　　　45억　　　50억(km)

02 별과 별자리

오래전부터 사람들은 별을 이용하여 길흉화복을 점치거나 방향을 확인하기도 했습니다. 또한 서로 가까이 있는 별들끼리 연결하여 그것이 어떤 모양을 이룬다고 상상하기도 했지요. 이러한 별들은 어떻게 만들어지는 것일까요? 별들도 우리처럼 태어나서 살아가다가 죽음을 맞이할까요?

물병자리 1월20일~2월18일
물고기자리 2월19일~3월20일
양자리 3월21일~4월19일
황소자리 4월20일~5월20일
쌍둥이자리 5월21일~6월21일
게자리 6월22일~7월22일
사자자리 7월23일~8월22일
처녀자리 8월23일~9월23일
천칭자리 9월24일~10월22일
전갈자리 10월23일~11월22일
사수자리 11월23일~12월24일
염소자리 12월25일~1월19일

내 별자리는 천칭자리야. 법의 여신처럼 공정한 재판을 하는 판사가 될 거야.

공정한? 그 성격에?

찌릿~

어디 보자. 난 사자자리니까….

❶ 별의 탄생

별의 탄생 과정

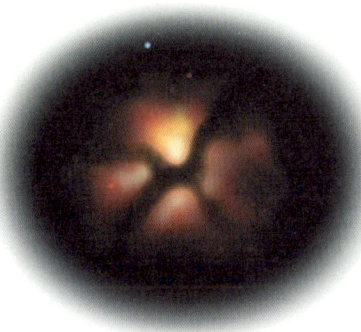

❶ 성운의 내부에서 중력에 의해 가스 입자들이 모여들면서 원시성을 형성한다.

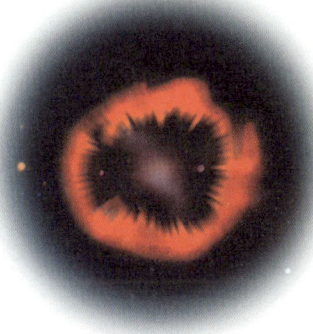

❷ 원시성이 수축하면서 핵 부분의 밀도는 더욱 증가한다.

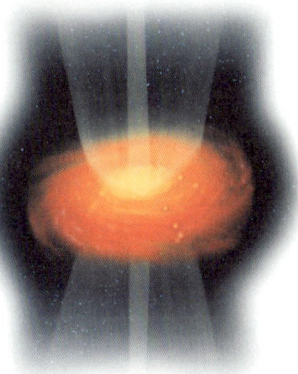

❸ 핵의 밀도가 한계에 이르면 핵융합 반응이 시작되고 에너지가 방출된다.

❹ 어린 별은 빠른 속도로 회전하고, 남아 있던 가스와 먼지들은 편평한 원반을 형성한다.

❺ 별의 주변을 회전하던 가스와 먼지의 원반 속에서 행성들이 생성된다.

❻ 별이 안정적으로 빛을 내기 시작하면서 핵융합 반응에 의해 수소는 헬륨으로 변한다.

❷ 별의 일생

❸ **격렬하고 화려한 별의 죽음**

❹ **별까지의 거리**

미래의 북두칠성
큰곰자리의 일부를 이루고 있는 북두칠성의 경우 10만 년 정도 지나면 현재와 완전히 다른 모습의 별자리를 보일 것이다.

❺ 별의 밝기와 등급

❻ 밤하늘의 별자리

밤하늘의 별들 가운데 서로 모여 어떤 모양을 이룬 것을 '별자리'라고 해.

약 5,000년 전 고대 바빌로니아 사람들은 별을 통해 시간이나 계절의 변화를 확인하기도 했지.
저 별은 나의 별, 저 별은 너의 별~

또한 3,000년 전 이집트에서는 43개의 별자리를 정했어.

고대의 별자리들은 그리스로 전해진 뒤 신화 속 주인공이나 동물의 이름이 붙여졌어.

2세기 무렵에는 그리스의 천문학자 프톨레마이오스가 모두 48개의 별자리를 정리했고, 이 별자리는 다른 지역에도 널리 전파되었어.
1권 193쪽 참고

그러나 새로운 별자리들이 계속 관측되었고, 지역에 따라 서로 다른 이름으로 부르기도 했어.
아, 글쎄 동굴자리라니까 그러네!
콧구멍처럼 생겼잖아! 그러니까 콧구멍자리지!

이에 따라 1930년 '국제천문연맹'에서는 통일된 별자리를 만들기 위해 하늘을 88개의 구역으로 나누고 별자리를 정리했어. 그 결과 황도상에 12개, 북반구의 하늘에 28개, 남반구의 하늘에 48개의 별자리가 결정되어 현재에 이르고 있지.

계절 별자리

저녁 9시 무렵에 남쪽 하늘에서 보이는 별자리를 '계절 별자리'라고 합니다. 처녀자리·목동자리·사자자리 등은 봄철의 대표 별자리이며, 백조자리·거문고자리·독수리자리 등은 여름철 남쪽 하늘에서 볼 수 있지요. 또한 페가수스자리·안드로메다자리 등은 가을철의 대표 별자리이며, 오리온자리·큰개자리·마차부자리 등은 겨울철에 남쪽 하늘에서 관측됩니다.

봄철 별자리

여름철 별자리

별자리들이 항상 같은 모습을 하고 있는 것은 아닙니다.
별들의 거리가 너무 멀어서 거의 움직이지 않는 것처럼 보일 뿐, 실제로는 나름대로 고유한 운동을 하고 있습니다. 따라서 오랜 시간이 지나면 별자리의 모습은 조금씩 달라질 수밖에 없습니다.
우리의 후손들이 밤하늘에서 보게 될 별자리는 분명 지금과는 다른 모습일 것입니다.

가을철 별자리

겨울철 별자리

교과서 밖 과학

블랙홀 태양 질량의 30배 이상인 별들이 초신성 폭발을 거치면 강한 수축으로 인해 빛조차도 빠져나갈 수 없는 블랙홀이 형성된다. 블랙홀은 직접 관측이 불가능하지만 강력한 전파를 방출하기 때문에 과학자들은 예상 후보 지역을 찾고 있다. 백조자리 X-1은 그 대표적인 예이다.

중성자별 질량이 태양의 10배 이상으로 큰 별은 중심부의 무거운 물질만 남아 중성자별을 형성한다. 중성자별은 매우 빠르게 자전하면서 전파를 방출하여 '펄서'라 불리기도 한다. 대표적인 중성자별의 지름은 약 10km에 불과하지만 질량은 태양과 비슷하여 $1cm^3$당 질량이 무려 10억 t에 이른다.

초신성 폭발 적색초거성 단계를 지난 별은 온도와 압력이 감소하면서 급격한 수축과 함께 폭발하여 많은 물질을 방출한다.

백색 왜성

적색초거성 질량이 태양의 10배 이상인 별들은 적색 거성 단계로 진화한다. 이러한 별들은 여러 종류의 핵 반응을 이어가며 중심부에 철이 남게 되면 더 이상의 핵융합 반응이 일어나지 않고, 서서히 식어 간다.

별의 탄생과 죽음

별은 온도가 낮으면서 밀도가 높은 성운에서 탄생한다. 기체의 내부 압력에 비해 질량이 너무 커지면 중력 수축이 일어나며 기체 밀도가 높아지고 온도가 상승한다. 온도가 계속 상승하면 중심부에서 수소 원자핵들이 서로 결합하는 융합 반응이 일어나면서 원시별이 탄생한다. 이후 별의 표면 온도가 높아지면서 적외선 대신 가시광선과 자외선을 방출한다. 이후 대부분의 별은 주계열을 따라 성장하며 적색 거성 단계를 지나면 행성상 성운이나 초신성으로 폭발하면서 생을 마감한다. 이때 별의 중심부를 이루던 물질들은 별의 질량에 따라 백색 왜성·중성자별·블랙홀 등으로 변하며, 별의 폭발로 방출된 물질들은 다시 우주 공간으로 되돌아가 성운을 구성하는 물질이 된다.

성운 성간 물질의 밀도가 점점 증가하면서 다양한 형태의 성운을 형성하고 압축된 수소 가스가 고온에 의해 스스로 불에 타면서 밝게 빛을 내기 시작한다.

가스나 먼지 우주 공간에 분포하는 가스나 먼지 등을 성간 물질이라 한다. 성간 물질의 밀도가 높아지면 성운을 형성한다. 성간 물질은 별을 탄생시키는 요람이기도 하지만, 별의 마지막 단계에서 폭발과 함께 생성되기도 한다.

회전하기 시작한다

적색거성 질량이 태양과 비슷한 별은 수소가 거의 바닥이 나면 적색거성으로 변화한다. 부피가 팽창한 적색거성은 마지막 단계에서 바깥 부분이 날아가 버리고 중심부의 핵만 남아 백색왜성을 형성한다. 한번 우주 공간으로 날아간 별의 구성 물질은 다시 성간 물질로 남는다.

원시별의 탄생 가스가 자체 중력에 의해 모여들면서 회전하기 시작하고 거대한 가스 원반을 형성한다. 이때 중심부에서는 강력한 제트가 분출되면서 원시별이 탄생한다.

주계열성 새롭게 탄생한 별이 역학적으로 안정한 단계에 들어서면 주계열 단계로 진화한다. 이때 진화의 단계는 별의 초기 질량이 클수록 짧아진다.

원시별의 탄생

탄생한 별

03 은하수와 우리 은하

견우와 직녀의 슬픈 전설로 유명한 은하수는 은빛 강처럼 보인다고 해서 붙여진 이름입니다. 많은 별이 모여 있어 마치 밤하늘에 흐르는 강물처럼 보이기 때문이지요.
다른 곳과 달리 왜 유독 은하수에만 많은 별이 모여 있는 걸까요? 그리고 계절에 따라 은하수의 모습이 다르게 보이는 까닭은 무엇일까요?

❶ 별들의 무리, 은하수

❷ 우리 은하

이처럼 수많은 별의 무리를 '은하'라고 하고, 태양계가 속해 있는 은하를 '우리 은하'라고 한단다.

우리 은하는 소용돌이치는 2개의 나선형 팔이 있는 나선형 은하야.

우주 공간에 분포하는 은하들 중에서는 나선형 은하의 비율이 가장 많지.

나선형이 많으면 뭐해! 내 님은 하난데!

갑자기 왜 저러시지?

은하수는 특정한 구역을 따라 하늘을 가로지르는 것처럼 보이지. 이건 우리 은하의 별들이 대체로 일정한 방향으로 늘어서 분포하고 있으며, 멀리 떨어진 별들이 서로 겹쳐 보이기 때문이야. 이러한 별의 무리를 옆에서 바라보기 때문에 긴 띠 모양으로 은하수가 관측되는 거야. 결국 은하수는 태양계가 포함되어 있는 우리 은하의 옆모습에 해당된다고 할 수 있지.

그래서 우리 은하는…

헉! 헉!

컥!

 **교과서 밖 과학**

은하는 어떤 모습일까?

은하수를 구성하는 별들의 분포를 이용하여 밝혀낸 우리 은하의 구조는 중심부가 볼록한 원반형이며, 나선 모양을 하고 있다. 많은 성단과 성운을 포함하고 있으며 태양과 같은 별이 약 2,000억 개나 들어 있다. 우주 공간에서 거대한 소용돌이를 일으키며 회전하고 있는 거대한 별의 집단이 바로 우리 은하의 모습이다.

우리 은하의 지름은 약 10만 광년이다. 즉 빛의 속력으로 10만 년을 가야만 우리 은하의 한쪽 끝에서 다른 쪽 끝으로 갈 수 있다는 말이다. 원반의 두께는 약 1.5만 광년이며, 태양계는 우리 은하의 중심부에서 약 3만 광년 떨어진 곳에 위치하고 있다.

한편, 우리 은하의 별들은 은하의 중심을 기준으로 공전한다. 태양계는 은하 중심을 약

위에서 본 우리 은하 모습

국부 은하군
우리 은하를 포함하여 약 500만 광년 범위에 분포하는 약 20여 개의 은하들을 국부 은하군이라 한다. 우리 은하와 안드로메다은하(M31), 삼각형자리의 나선형 은하(M33) 등의 나선형 은하와 대마젤란은하, 소마젤란은하 등의 불규칙 은하, 그리고 10여 개의 타원 은하 등으로 이루어져 있으며, 이 중 우리 은하와 안드로메다은하가 전체 질량의 약 75%를 차지한다.

옆에서 본 우리 은하 모습

2억 3,000만 년 정도의 주기로 공전하며, 중심 부근은 공전 속도가 더욱 빨라서 2,000만 년 정도이다.

우리 은하 너머에는 또 무수한 은하의 무리가 있다. 우리 은하 밖에 위치하고 있는 은하들을 '외부 은하'라고 한다. 남반구에서 관측된 마젤란은하는 한때 성운으로 알려져 있었지만, 이 천체 역시 무수한 별이 모인 은하라는 것이 밝혀졌다. 마젤란은하는 대표적인 불규칙 은하로, 우리 은하의 둘레를 회전하고 있는 위성 은하이다.

또한 우리 은하에서 약 200만 광년 떨어진 곳에 있는 안드로메다은하는 전형적인 나선형 은하로 우리 은하와 모양이 비슷한데, 규모는 우리 은하보다 더 큰 것으로 알려져 있다. 그 밖에 타원 은하가 있으며, 강력한 전파를 발생하는 전파 은하도 있다. 현재까지 관측한 결과 나선형 은하가 가장 많다.

그리고 비교적 가까운 거리에 있는 은하들이 모여서 은하군을 형성한다. 우리 은하는 마젤란은하와 더불어 국부 은하군을 형성하고 있으며, 은하군들이 모이면 은하단을 형성한다.

우리에게 가장 중요한 천체는 당연히 태양이다. 태양이 없다면 지구상의 생물체는 존재할 수 없기 때문이다. 그러나 은하 내에는 태양과 같이 스스로 빛을 내는 별들이 헤아릴 수 없을 정도로 많다. 그 속에는 어쩌면 지구와 환경이 비슷하며 생명체가 존재하고 있는 천체들이 있을지도 모른다. 다만 우리의 능력으로 확인할 수 없을 뿐이다. 밤하늘을 수놓은 은하수를 바라보자. 어디에선가 우리를 바라보고 있을 또 다른 생명체를 기대하며.

타원 은하

구형에서 납작하게 찌그러진 모양까지 다양하게 나타나며, 주로 나이 든 별들이 많이 포함되어 있다.

정상 나선 은하

원반 모양을 하고 있으며 소용돌이치는 나선형 팔에 대부분의 물질이 모여 있다. 이곳에서는 새로운 별들이 생성되고 있으며, 핵 부근에는 나이 든 별들이 모여 있다.

막대 나선 은하

은하 핵이 막대형을 이루고 있다. 막대의 끝 부분에서 나선형 팔이 뻗어 나온다.

불규칙 은하

특정한 모양을 갖고 있지 않은 은하로, 우주 공간에서 가장 적은 비율을 차지한다.

안드로메다은하

안드로메다은하는 우리 은하와 함께 전형적인 나선형을 하고 있으며 우리 은하로부터 약 200만 광년 떨어져 있다. 지름은 약 15만 광년이며 3,000억 개의 별을 포함하고 있다. 현재 275km/s의 속력으로 우리 은하와 가까워지고 있어 약 60억 년 뒤에는 우리 은하와 충돌할 것으로 예측되고 있다.

04 우주를 향한 도전

우리가 바라보는 밤하늘은 여전히 신비로운 세계입니다. 무수한 은하가 펼쳐진 드넓은 우주 공간···. 그러나 우리의 시선이 닿을 수 있는 곳은 아직도 좁기만 합니다. 우주는 어떤 모습을 하고 있을까요? 우주의 끝은 있는 것일까요? 우주를 향한 인간의 도전은 어디까지 가능할까요?

❶ 우주의 끝은 어디일까?

인류는 과학의 힘으로 먼 우주까지 시선을 넓혀 가고 있어.

인간의 끝없는 호기심이 미지의 세계인 우주에 과감하게 도전장을 내밀고 있는 거지.

지금까지 우주는 무수한 은하가 모인 은하단들이 그물처럼 얽혀 있는 것으로 알려져 있어.

현재 관측된 은하들 사이의 거리는 서로 멀어지고 있는데
흥! 바보!

이것은 우주가 팽창하고 있음을 의미하지.

망원경을 이용하여 관측이 가능한 우주의 범위는 약 150억 광년이야.
우아~

❷ 망원경, 천체 관측에 새로운 지평을 열다

갈릴레이 위성
1610년 갈릴레이가 발견한 4개의 위성, 이오·유로파·가니메데·칼리스토를 말한다.

갈릴레이 위성의 모습이야. 왼쪽부터 가니메데·칼리스토·이오·유로파.

광학 망원경		허블 망원경	전파 망원경
굴절 망원경	반사 망원경		
빛을 굴절시켜서 한 점에 모으고, 상을 맺게 하는 망원경이다. 상이 안정되고 깨끗하지만 렌즈의 구경을 크게 하면 색이 퍼지는 색 수차 현상이 나타난다.	천체로부터 오는 빛을 오목 거울에 반사시켜 접안렌즈로 확대해 상을 만든다. 빛을 잘 모으고 시야가 넓기 때문에 천체를 관측하는 데 유리하지만, 상이 불안정하고 사용이 불편하다.	지상에서는 대기의 방해를 받기 때문에 천체를 정밀하게 관측하기 어려워 인공위성 형태의 망원경을 개발하게 되었다. 우주 팽창 이론을 제시한 허블의 이름을 땄다.	푸에르토리코의 아레시보 천문대에 있는 세계 최대의 단일 전파 망원경. 지름이 300m에 이르는 구면 반사경이 있으며, 1969년 게성운 내부의 중성자별을 발견하는 데 이바지했다.

❸ 우주 탐사선

▼ **보이저호** 1977년 발사되어 지금도 우주 공간 어딘가를 여행하고 있을 보이저호에는 파도, 개구리, 아기울음 소리와 베토벤의 〈운명 교향곡〉 등을 담은 레코드판이 실려 있다. 이 같은 노력을 기울이는 까닭은 어딘가에 있을지도 모르는 또 다른 지적 생명체에 대한 기대 때문이다.

탐사선 발사를 통해 차세대 우주 계획에 필요한 기술 시험이나 탐사 활동을 통한 우주 물질의 수집이 끊임없이 시도되고 있다.

 **과학 톡톡**   우주 탐사의 역사

인류는 수많은 탐사선을 우주로 보내 미지의 세계를 탐사해 왔다. 지금까지 보낸 탐사선 중에서 대표적인 것에는 어떤 것이 있는지 살펴보자.

1. 첫 우주 로켓 발사 : 1957년 10월 4일에 지구 주위를 돈 첫 번째 인공위성인 스푸트니크 1호가 구소련에 의해 발사되어 1958년 1월 4일까지 지구 궤도를 돌았다.

스푸트니크 1호

2. 달 착륙 : 1959년 9월 12일에 루나 2호가 발사되어 9월 13일 달과 충돌해 달 표면에 도착한 첫 탐사선이 되었다.

루나 2호

3. 첫 유인 우주선 : 1961년 4월 12일에 구소련의 첫 유인 우주선인 보스토크 1호가 인류 최초의 우주 비행사인 가가린을 태우고 발사되었다. 가가린은 지구를 한 번 공전했다.

보스토크 1호

4. 인간의 달 착륙 : 1969년 7월 20일에 아폴로 11호에 탑승한 암스트롱과 올드린이 인류 최초로 달에 착륙하고 달에 걸음을 내딛는다.

아폴로 11호 달 탐사선

5. 태양 탐사선 보이저호 발사 : 보이저 1호는 현재까지 작동하고 있는 태양계 무인 탐사선이다. 1977년에 발사되었으며, 1979년 3월 5일에 목성을, 그리고 1980년 11월 12일에 토성을 지나가면서 이 행성들과 그 위성들에 관한 많은 자료와 사진을 보내왔다. 보이저호에는 금으로 만든 축음기 음반이 실려 있는데, 지구상의 생명체와 문화의 다양성을 알리기 위한 소리와 영상이 기록되어 있다.

보이저 금제 음반

6. 토성 탐사선 카시니호 : 1997년 10월 15일에 발사되어 2004년 7월 1일 토성의 궤도에 진입한 토성 탐사선.

카시니호

05 우주에서 살아가기

이제 우주여행은 꿈이 아닌 현실로 우리 곁에 다가오고 있습니다. 영화 속에서나 가능해 보였던 우주여행을 일반인들도 머지않아 할 수 있을 겁니다. 그럼 우주에서 사람들은 어떻게 생활할까요? 우주에서 인간이 살아가는 데 어떤 어려움이 있을까요?

저는 지금 지구를 바라보고 있습니다. 지구는… 지구는… 푸른빛입니다.

드디어 우리나라 최초의 우주인이 탄생했다.

❶ 우주선에서 생활하기

❷ 우주에서는 어떻게 먹고 지낼까?

❸ 우주에서는 어떻게 잠잘까?

❹ **우주에서도 목욕을 할까?**

❺ 우주에서는 볼일을 어떻게 볼까?

우주선 안에서는 볼일을 어떻게 해결할까?

대변을 볼 때
대변은 변기 의자 가운데 10cm 정도 되는 구멍에 정확하게 맞추어 넣어야 한다. 좁은 우주선에서 냄새가 많이 날 수도 있지만, 변기의 공기 흡입 장치와 우주선의 공기 여과 장치 때문에 냄새는 그렇게 나지 않는다. 우주선 안은 무중력 상태이므로 변기 양쪽에 연결된 끈으로 몸을 묶어 잘 앉은 다음 볼일을 봐야 한다. 볼일이 끝나면 변기 구멍을 닫을 수 있고, 화장지는 버리는 곳이 따로 있다. 이때 생긴 배설물들은 지구에 가져와서 처리한다.

소변을 볼 때
소변은 호스를 이용해 따로 오줌통에 모아 둔다. 소변 깔때기의 모양은 남녀에 따라 약간 차이가 나며 몸에 부착하도록 되어 있다. 오줌통은 3~4일 정도 되면 채워지는데, 예전에는 이것을 우주 밖으로 버렸다. 우주 공간은 온도가 매우 낮아 오줌을 버리면 순간적으로 얼어 반짝이는 구슬처럼 보여서 아름다운 광경을 연출했다고 한다. 최근에는 우주선의 무게를 줄이기 위해 우주선에 싣고 가는 물의 양을 줄이고 오줌은 정수기를 통해 물만 따로 분리하여 대부분 재활용하고 있다.

대소변이 급할 때
우주복을 입고 있을 때 대소변이 급하면 정말로 대책이 없다. 우주 한가운데에서 옷을 벗을 수도 없는 노릇이다. 그래서 우주복 안에 기저귀를 차고 다니다가 거기에 대소변을 해결한다. 우주선에 돌아오면 사용한 기저귀는 우주선 안의 쓰레기통에 버린다.

〈우주인의 장비〉

생명 유지 장치 : 우주복의 뒷부분에 부착된 간이 생명 유지 장치는 산소를 공급하고, 온도와 습도를 조절하고, 우주복의 압력을 조정하며, 통신 장비에 전력을 공급한다.

헬멧 : 작은 유성체나 자외선, 적외선으로부터 우주인을 보호하기 위해 착용한다. 헬멧은 고강도의 폴리카보네이트로 만들며 강한 태양빛으로부터 눈을 보호하기 위해 금으로 도금된 창이 앞쪽에 붙어 있다.

장갑 : 우주인이 착용하는 장갑은 한 짝에 2,400만 원 정도이며, 손가락 끝부분은 장비를 조작할 때의 감도를 높이기 위해 실리콘 고무로 만들어져 있다.

장화 : 우주복의 압력 강화 위에 덧신도록 되어 있는 장화로 안창은 실리콘 고무, 바깥쪽은 금속 섬유로 만들어져 있다. 장화의 발가락 부분은 가벼우면서도 단열이 될 수 있도록 만든다.

 **과학 톡톡** **우주에서 살아가기**

지구 주위를 돌고 있는 우주 왕복선 안은 무중력 상태이다. 정확하게 말하면 중력이 없는 상태가 아니라 중력을 느낄 수 없는 상태가 되는 것이다. 중력이 작용하지 않는다면 우주선은 우주 저편으로 사라져 버릴 것이다.

이와 같은 무중력 상태의 우주 왕복선 안에서 우주인들은 어떻게 생활할까?

1. 무중력 상태에서 적응하기 가장 힘든 점은?

우주인들이 공통적으로 느끼는 어려움은 무중력 상태에서 일할 때 시간이 훨씬 더 걸린다는 점이다. 예를 들면 지상에서 녹음기의 전지를 바꾸는 데 2분이 걸린다면, 무중력 상태에서는 10분이 걸린다. 새 전지, 헌 전지, 전지 뚜껑, 녹음기 등이 사방에 떠다닌다. 팔이 네 개 있으면 하고 바라는 경우가 많다. 밥 먹을 준비를 하거나 밥을 먹는 일, 그리고 화장실에서 뒤처리를 하는 일들은 지상에서 걸리는 시간보다 10열 배 이상 시간이 걸린다.

2. 우주에서는 키가 커질까?

무중력 상태에서는 등뼈 마디 사이가 벌어져 키가 2~5cm 정도 늘어난다. 이때 우주인들은 통증을 느낀다. 뼈가 늘어나면 근육도 함께 늘어나야 하는데 근육이 늘어나지 않아 근육이 당겨지는 통증을 느끼는 것이다. 거의 모든 우주인이 처음 얼마 동안 이 통증으로 괴로움을 겪는다.

3. 우주에서 피는 어디로 쏠릴까?

지상에 있을 때에는 중력에 의해 피가 다리쪽으로 쏠리지만, 무중력 상태에서는 온몸에 골고루 퍼진다. 따라서 우주에서는 지상에서보다 하체는 가늘어지고 상체는 붓는다. 여자나 남자 모두 우주에서는 근육 운동을 한 것처럼 가슴둘레가 커진다. 또한 우주에서 찍은 사진에 나오는 우주인을 자세히 보면 얼굴이 찐빵처럼 부어 있는 것을 볼 수 있다.

4. 우주에서도 멀미를 할까?

우주에서는 멀미를 하지 않는다. 하지만 처음 며칠 동안 승무원 중 40% 정도는 토한다. 왜 토하는지 나사(NASA) 연구진도 아직 그 이유를 모른다. 우주 왕복선의 변기는 구토할 때 사용할 수 없으므로 우주인은 비닐봉지를 사용한다. 여기에 대고 토한 다음 젖은 쓰레기 버리는 곳에 버린다. 하지만 우주에서 비닐봉지에 토하는 것은 지상에서와는 다르다. 토한 것이 비닐 바닥에 부딪힌 다음 튀어 올라와 얼굴에 부딪친다. 그래서 봉지를 얼굴에 바짝 붙이고 토해야 한다. 그렇게 해도 주변 공간으로 튀는 일이 비일비재하다.

세상을 빛낸 과학, 과학자들

19세기의 과학

우리가 알고 있는 과학의 여러 분야가 형성된 것은 18세기 후반부터 19세기 초였다. 물리학·화학·생물학·지질학과 같은 학문들이 각각 독립된 영역을 갖추고, 이들 영역을 전문적으로 연구하는 과학자들이 탄생했다. 즉, 이 시기에는 물리학자·화학자·생물학자 등의 과학자들이 등장했는데, 이는 과학이 전문 직업으로 자리 잡았다는 것을 뜻한다.

18세기와 19세기에 과학 분야에서 가장 활발하게 연구된 주제 중의 하나가 바로 열이다. 열은 산업 혁명에서 매우 중요한 역할을 했다. 열을 이용한 증기 기관이 발명되지 않았더라면 산업 혁명은 일어나지 않았을 것이다. 열의 원리를 이용해 와트는 증기 기관을 발명했고, 트레비식은 세계 최초의 증기 기관차를 만들었다.

지질학 분야에서도 큰 발전이 있었다. 19세기 초까지만 해도 한때 거대한 파충류가 지구 위를 걸어 다닌 적이 있다고 생각한 사람은 아무도 없었다. 하지만 19세기가 끝날 무렵에는 일반인들도 '공룡'이라는 단어를 사용했다. 세계 최초로 공룡의 화석을 발굴한 애닝은 가난한 집안에서 태어나 교육도 제대로 받지 못한 여성이지만, 공룡 화석을 발굴하여 당대 최고의 화석 채집가로 명성을 떨쳤다.

지질학 지식은 석탄층을 찾는 것과 같은 실용적인 일에만 도움이 된 것은 아니었다. 지질학을 통해 생명과 진화의 본질을 더 깊이 이해할 수 있었다. 이러한 발견과 더불어 과학자들 사이에서 생물은 진화한다는 생각이 싹트기 시작한 것이다. 이를 진화론으로 체계화해 발표한 사람이 월리스와 다윈이다.

우리가 사는 세상을 가장 크게 변화시킨 과학적 발견은 바로 전기이다. 전기가 없었더라면 우리가 누리는 현대 문명은 존재할 수 없었을 것이다. 우리가 전기를 제대로 이해하고 이용하는 방법을 알게 된 것은 19세기에 들어와서였다. 이에는 볼타·앙페르·패러데이·맥스웰과 같은 과학자들의 역할이 컸다. 전자기학이 우리가 사는 세상을 가장 크게 변화시킨 과학이라면, 원자 개념은 과학에서 가장 깊고 오묘한 개념이라 할 수 있다. 이전에도 물질은 더 이상 쪼갤 수 없는 가장 작은 입자로 이루어져 있다고 생각하기도 했다. 하지만 원자가 과학적으로 구체화되기 시작한 것은 19세기 초였다. 여기에는 누구보다 돌턴의 공이 컸다. 그러나 원자의 개념이 실험을 통해 증명되기까지는 그로부터 100년이나 더 기다려야 했다.

열의 정체를 밝힌 톰프슨

톰프슨(1753~1814)은 1753년 미국 매사추세츠 주에서 태어났다. 평범한 집안에서 태어난 그는 파란만장한 일생을 보냈고, 1814년 파리에서 럼퍼드 백작이라는 이름으로 눈을 감았다. 톰프슨이 태어났을 때, 미국은 아직 영국의 식민지였다. 톰프슨은 정규 교육을 받지 못했지만 모든 것을 독학으로 터득했다. 그는 어려서부터 과학에 흥미를 느꼈는데 특히 일식과 월식, 영구 기관 등에 큰 관심을 가졌다.

톰프슨은 부유한 아내 덕분에 일할 필요가 없었다. 하지만 정치적 소용돌이에 휘말리고 말았다. 영국과 당시 식민지였던 미국 사이에 전쟁이 일어나자 영국 정부를 지지했고, 심지어 스파이 노릇까지 했다. 그런데 영국군이 계속 패하고 미국이 승리하자, 그는 아내와 딸을 버려두고 영국으로 건너갈 수밖에 없었다. 영국에서 톰프슨은 수완을 발휘하여 백작의 작위까지 받았다.

온갖 정치적 변화를 겪으면서도 과학에 대한 열정으로 1797년부터 중요한 연구를 하기 시작했다. 그는 병기창에서 대포 만드는 일을 책임지면서 획기적인 발견을 했다. 당시 사람들은 열이 '열소'라는 입자의 흐름에서 생겨난다고 생각했다. 두 물체를 비비면 뜨거워지는 것은 물체에서 열소가 나오기 때문이라는 것이다.

대포의 몸체인 포신을 만들 때, 금속 원통의 중심 부분을 날카로운 드릴로 파 구멍을 뚫었는데 이 과정에서 드릴과 원통이 모두 뜨거워졌다. 톰프슨은 그 엄청난 열에도 놀랐지만, 열이 계속해서 나오는 현상에 더 관심이 쏠렸다. 구멍을 뚫는 동안 포신은 계속 뜨거워졌다. 만약 포신에서 나오는 열소 때문에 열이 발생하는 것이라면, 언젠가는 열소가 바닥나야 마땅했다. 하지만 열은 결코 바닥나지 않았다. 열소가 소모되는 기미는 조금도 보이지 않았던 것이다.

톰프슨은 열이 운동과 관계가 있으며, 한곳에서 다른 곳으로 전달되는 에너지의 일종이라고 생각했다. 그러나 어떤 종류의 운동인지는 제대로 파악하지 못했다. 그것은 훗날 원자가 움직이는 방식이 밝혀진 뒤에야 정확하게 설명되었다.

생물의 진화를 주장한 다윈

다윈(1809~1882)은 1809년 영국의 슈르스베리에서 태어났다. 아버지는 유명한 내과 의사였다. 다윈은 2남 4녀 중 다섯째 아이였는데, 어머니는 다윈이 여덟 살 때 세상을 떠났다. 다윈은 특별한 재능이 있는 아이는 아니었지만, 수집에는 대단한 열정을 보였다. 처음에 다윈을 법률가로 키우려고 했던 아버지는 다윈이 성적도 좋지 않고, 노력도 하지 않는 것을 보고 실망해서 다윈이 다니던 학교를 그만두게 하고 에든버러 대학교의 의학부로 보냈다. 그러나 다윈은 의학도 적성에 맞지 않았다. 다윈의 아버지는 다시 다윈을 목사로 만들기 위해 케임브리지 신학대로 보냈지만, 그곳에서 다윈은 엉뚱하게도 동물·식물·지질 등을 연구하는 박물학을 접하고 공부하기 시작했다.

1831년 대학을 졸업한 다윈은 아버지의 반대를 무릅쓰고 지질 조사를 위해 남미와 서인도제도를 탐사하는 해군 측량선을 타기로 결정했다. 1831년 12월 27일 다윈은 비글호에 승선해 5년에 걸친 대장정을 시작했다.

1835년 가을, 다윈은 남미 해안을 따라 내려가면서 많은 자료를 수집했다. 그는 10여 개의 화산으로 이루어진 갈라파고스의 화산섬에서 한 달 이상을 머물며 그곳의 동물과 식물을 통해 새로운 사실을 알았고, 그것을 항해 일지에 상세하게 기록했다. 특히 다윈은 참샛과인 갈라파고스핀치에 대해 관심을 가졌는데, 이 새는 갈라파고스 제도에서 모두 14종류가 발견되었다. 핀치는 발견된 섬에 따라 그 형태가 조금씩 달랐는데, 다윈은 이를 원래 똑같은 모습의 핀치들이 각 섬에 흩어져 살면서 점차 환경에 적응하기 위해 서서히 변했다고 생각했다. 그는 이때부터 진화론의 기초가 되는 '자연 선택'에 대한 생각을 굳혀 갔다.

5년여의 긴 항해를 마치고 1836년 영국으로 돌아온 다윈은 꼼꼼하게 적은 항해 일지를 정리해 《비글호 항해기》라는 책으로 출간했다. 이 책은 역사상 가장 위대한 과학 여행기 중의 하나로 평가받고 있다. 이 책에는 생물·화석·지질 그리고 당시 사람들의 생활 등 방대한 분야의 이야기가 세심하게 기록되어 있다. 이 책으로 다윈은 1839년 젊은 나이에 왕립학회의 정식 회원으로 추천되었다.

이후 다윈은 자신의 진화론이 교회를 자극하는 것이 두려워 발표하지 못하고 자료 정리와 집필에만 몰두했다. 그런데 진화론에 대한 이야기가 여기저기서 흘러나오기 시작했다. 세월이 흘러 1858년 다윈이 마흔아홉 살이 되었을 때 월리스라는 젊은 학자가 보낸 논문을 읽고 충격에 빠졌다. 자신이 정리해 왔던 진화론과 너무나 흡사했기 때문이다. 무명의 학자 월리스는 4년 동안의 탐사 결과를 단 이틀 만에 논문으로 정리했던 것이다. 다윈은 처음으로 긴장했다. 그래서 그는 월리스에게 공동으로 연구해 논문을 발표하자고 제안했다. 이에 월리스도 동의했고, 두 사람은 1858년 학회에서 동시에 논문을 발표했다.

월리스는 진화론에 대한 연구 업적의 대부분을 다윈에게 양보했다. 하지만 월리스에게 경쟁심을 가진 다윈은 1859년 진화론의 요점을 정리한 《종의 기원》을 급하게 출판했다. 《종의 기원》은 대단한 반응을 얻었다. 초판은 당일 매진되었고, 재판도 수천 권이 팔렸다. 그리고 이어서 17권에 달하는 책들이 계속 발행되었고, 다윈은 진화론에서 가장 권위 있는 사람이 되었다.

진화론에 대한 논문을 발표한 뒤 다윈은 많은 사람의 비난을 받았다. 특히 크리스트교 단체는 하느님과 교회를 욕되게 한 사람이라고 다윈에게 맹공격을 퍼부었다. 하지만 다윈의 주장을 옹호한 사람도 많았다. 헉슬리와 같은 젊은 생물학자는 "진리를 사랑하는 사람이라면 선생님의 생각에 반대하지 않을 것입니다."라고 말하기도 했다. 또한 라이엘은 인류의 진화에 대해 더욱 적극적으로 진화론적인 입장을 주장하기도 했다.

1882년 4월 19일, 다윈은 가족들이 지켜보는 앞에서 세상을 떠났다. 장례식에는 유럽을 비롯해 전 세계에서 조문을 왔고, 그는 우여곡절 끝에 뉴턴이 묻힌 웨스트민스터 사원에 묻힐 수 있었다.

생명 과학의 문을 연 파스퇴르

파스퇴르(1822~1895)는 1822년 추운 겨울날 프랑스와 스위스의 국경 지역에 위치한 돌르라는 시골에서 태어났다. 아버지는 가죽을 가공하는 노동자였고, 어머니는 평범하고 마음씨가 착한 사람이었다. 어린 시절, 파스퇴르는 천재성을 보이지 않았지만 그림을 그리는 재능은 뛰어났다. 특히 인물에 대한 묘사가 뛰어났는데, 지금도 남아 있는 어머니의 초상화는 거의 실물에 가까울 정도이다.

파스퇴르는 스물두 살이 되던 해에 고등사범학교에 입학했다. 비록 뛰어난 재능을 발휘하지는 않았지만 친구들에게 '실험실의 벌레'라는 놀림을 받을 정도로 열심히 공부했다. 덕분에 파스퇴르는 여러 교수의 추천으로 스물일곱 살이라는 젊은 나이에 스트라스부르 대학의 화학과 조교수로 임명되었다. 이 대학에서 근무하던 중 1856년에 포도주가 부패되는 원인을 밝히는 연구를 하다가 저온 살균법을 발견했다. 파스퇴르는 발효가 잘되는 포도주와 발효가 잘되지 않는 포도주를 현미경으로 관찰하여, 발효가 잘되지 않고 쉽게 부패되는 포도주에는 젖산을 만드는 효모균이 있다는 사실을 알았다. 이 젖산 효모균이 알코올 발효를 방해한다는 점도 알게 되었다. 계속된 연구로 젖산 효모균이 열에 약하다는 점을 밝혀낸 그는 저온에서도 젖산 효모균을 죽일 수 있는 저온 살균법을 개발했다. 파스퇴르의 연구 결과는 포도주뿐 아니라 맥주나 식초의 제조에도 사용되었고, 이 저온 살균법은 '파스퇴르법'이라는 명칭으로 오늘날에도 사용되고 있다.

1885년 파스퇴르는 광견병 백신을 만들었다. 제너가 종두 백신을 만든 것을 응용해 광견병 병균의 면역균을 만든 것이다. 파스퇴르는 광견병에 감염된 환자들로부터 채취한 혈액을 토끼의 척추에 이식하고, 그것을 건조시켰다. 그것은 실제 광견병 병원균보다 약한 독성을 가졌는데, 이것을 광견병 잠복기의 환자에게 주사하면 항체가 생겨 본래의 광견병 병원균을 죽이는 장치가 되었다. 파스퇴르는 이를 이용해 광견병 치료에 성공했다. 그는 전문 의사는 아니지만 의사보다 훨씬 많은 사람에게 병의 고통을 덜어 준 과학자였다.

그 후 파리 과학 아카데미의 지원으로 광견병 치료를 위한 병원을 설립했는데, 프랑스 국민들은 그 병원의 이름을 '파스퇴르 연구소'라 부르길 원했다. 그는 지금도 프랑스에서 가장 존경받는 과학자 중의 한 명이다. 이는 그가 말 못하는 가축들에게 주사할 때도 마음 아파하고,

광견병 예방 접종을 받은 환자를 돌보기 위해 같이 밤을 새우는 등 인간미가 넘치는 과학자였기 때문이다.

　1895년 9월, 파스퇴르의 건강은 급격하게 악화되었다. 한 모금의 우유도 마실 수 없었던 그는 결국 일흔세 살의 나이로 세상을 떠났다. 프랑스의 위대한 인물들은 대부분 팡테옹에 묻힌다. 하지만 파스퇴르는 파스퇴르 연구소 내에 있는 파스퇴르 박물관에 안치되어 있다. 처음에는 팡테옹에 묻혔지만, 1936년 파스퇴르 박물관이 지어지면서 가족들의 요구에 따라 박물관 지하로 옮긴 것이다.

전자기 유도 법칙을 발견한 패러데이

패러데이(1791~1867)는 1791년에 영국의 뉴잉턴 버츠에서 태어났다. 그의 아버지는 대장장이였지만 몸이 아파 일을 많이 할 수 없었고, 패러데이의 가족은 절망스러울 정도로 가난에 시달렸다. 패러데이는 기본적인 교육밖에 받지 못한 채 열네 살때부터 책 만드는 일을 했다. 이때 패러데이가 만든 책은 지금도 남아 있으며, 훗날 유명한 과학자가 된 다음에 자신의 책을 직접 만들기도 했다. 제본 일을 하며 패러데이는 많은 책을 읽었고, 덕분에 과학에 깊은 열정을 품게 되었다. 《브리태니커 백과사전》을 제본하던 패러데이는 책에 실린 전기에 관한 내용을 읽자마자 단숨에 전기에 사로잡혔다. 그는 온갖 재료를 구해서 실험 장치를 만들어 실험해 보았다.

패러데이의 열정에 감동한 사장은 어느 날 왕립학회에서 개최하는 데이비 강연 입장권을 패러데이에게 주었다. 데이비는 당시 영국에서 아주 유명한 과학자였고, 나중에는 왕립학회의 회장까지 되었다. 이 강연을 들은 패러데이는 크게 감동했다. 그는 데이비의 강연 내용을 자세히 적고 그림으로 그린 다음, 그것을 제본했다.

패러데이는 왕립학회의 조수가 되고 싶었다. 하지만 교육도 제대로 받지 못한 패러데이가 왕립학회에서 일을 하기란 쉽지 않았다. 우연한 기회에 패러데이가 제본한 책이 데이비에게 전달되었고, 이를 본 데이비는 매우 적은 봉급에 양초와 땔감, 그리고 왕립학회 꼭대기에 있는 방 두 칸을 숙소로 제공하고 조수로 채용했다. 패러데이는 실험 장비를 능숙하게 다루어 금세 왕립학회 강연회에서 실험을 시연하는 사람으로 유명해졌다.

1821년은 패러데이에게 가장 중요한 해였다. 왕립학회의 관리인으로 승진하여 봉급도 많이 올랐고 결혼도 했다. 또한 과학적으로도 중요한 발견을 했다. 1820년에 덴마크의 외르스테드는 전기와 자기가 밀접한 관계가 있다는 것을 발견했다. 전류가 흐르는 도선 주위에 놓아둔 나침반의 바늘이 움직이는 것을 발견한 것이다. 이는 전선 주위에 자기력이 작용한다는 것을 뜻한다. 이 현상은 곧 유럽의 과학자들에게 알려졌고, 많은 과학자가 이 새롭고 흥미로운 실험에 뛰어들었다. 패러데이도 가만히 있지 않았다. 패러데이는 실험을 통해 움직이는 전기장이 주변에 자기장을 만들어 낸다는 사실을 증명했다. 이것은 나중에 전동기의 기본 원리가 되었다.

그런데 불행하게도 이 일은 패러데이와 비슷한 내용을 연구하던 과학자들의 반감을 사고 말았다. 과학자들은 패러데이가 자신들의 연구를 도용한 것이라고 오해했다. 심지어 데이비도 패러데이의 실험 결과를 의심했다. 자신의 조수가 혼자 힘으로 위대한 과학적 발견을 이룰 수 있으리라고는 생각지 못했기 때문이다.

그럼에도 결국 패러데이의 업적은 인정되었고, 전동기의 원리를 발견한 지 10년 뒤인 1831년에는 움직이는 자기장이 근처의 전류를 유도한다는 사실까지 발견했다. 이 현상을 '전자기 유도'라고 부르는데, 이는 발전기의 기본 원리가 된다. 패러데이가 발견한 두 가지 법칙은 전동기와 발전기의 원리가 되어 오늘날 세계를 움직이는 기술의 기본을 이루고 있다.

원자의 개념을 발전시킨 돌턴

돌턴(1766~1844)은 1766년 영국의 이글스필드에서 태어났다. 돌턴의 가족들은 퀘이커 교도였으며, 방 두 칸짜리 오두막집에서 살았다. 아버지는 그중 한 칸에서 직물 짜는 일을 했고, 다른 방 한 칸에서는 가족 모두가 함께 생활했다. 돌턴은 학교에서 뛰어난 재능을 보였으나, 학교를 오래 다닐 수 없었다. 열두 살부터 생활 전선에 뛰어들어야 했던 것이다. 그런데 1785년에 행운이 찾아왔다. 퀘이커 교단 학교를 운영하던 사촌이 돌턴에게 도움을 요청한 것이다. 돌턴은 학교에서 학생들을 가르치는 한편, 과학 공부를 하고 강연도 했다. 그는 강의를 잘하기로 소문이 나서 1799년부터는 가정교사 일을 병행하며 경제적으로 안정된 삶을 누렸고, 덕분에 실험과 과학 연구에 몰두할 수 있었다.

돌턴은 다른 사람들과 달리 자신이 색을 잘 구별하지 못한다는 사실을 깨달았다. 빨간색과 초록색을 구분하지 못하는 적록색맹이었던 것이다. 이에 돌턴은 색맹에 대한 연구를 하여 1794년에 논문으로 발표했다. 이 논문으로 그는 색맹 분야에서 명성을 얻었다. 지금도 색맹을 '돌터니즘(Daltonism)'이라 부르기도 한다.

돌턴이 과학자로서 진정한 명성을 얻은 것은 원자론 때문이다. 이는 날씨에 대한 관심에서 비롯했다. 돌턴은 공기가 수증기를 흡수하는 방식에 호기심을 느꼈다. 마치 물이 스펀지에 빨려 들어가듯, 수증기가 공기의 틈 속으로 들어가는 것처럼 생각한 것이다. 이러한 생각에서 출발해서 1800년대 초 돌턴은 모든 원소가 서로 다른 종류의 원자로 이루어져 있으며, 원자들 사이에는 텅 빈 공간이 있다는 사실을 알아냈다.

돌턴은 자신의 생각을 논문과 강연으로 발표했다. 그러나 그의 생각은 사람들에게 너무 생소한 개념이었다. 모든 물질이 아주 작은 입자로 만들어져 있고, 그 입자들 사이가 텅 비어 있다는 것은 보통 사람들의 상식으로는 이해하기 어려운 내용이기 때문이다.

돌턴의 원자론은 1810년부터 서서히 받아들여지기 시작했다. 스웨덴의 베르셀리우스는 당시 알려져 있던 원소 40종의 상대적인 질량을 모두 알아냈다. 프랑스의 게이뤼삭은 기체들이 반응할 때 반응하는 기체와 생성되는 기체의 부피 사이에는 일정한 부피비가 성립한다는 기체 반응의 법칙을 발견했다. 아보가드로는 게이뤼삭의 개념을 더욱 발전시켜 같은 온도와 압력에서 같은 부피의 기체에는 항상 똑같은 수의 분자가 들어 있다는 사실을 알아냈다. 이러한 여러 가지 법칙을 발견한 배경에는 돌턴의 원자론이 있었던 것이다.

  돌턴의 원자론은 그가 책을 쓴 지 20여 년이 지난 뒤에 완전히 인정을 받아 1822년 왕립학회의 회원으로 선출되었고, 60대 후반인 1833년부터 정부에서 연금을 받았다. 1844년, 돌턴은 위대한 과학자로 존경받으며 세상을 떠났다. 맨체스터에서 거행된 장례식에는 100여 대의 마차가 줄을 이어 그의 뒤를 따랐다.

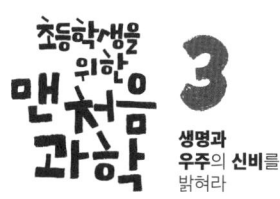

글 | 김태일
그림 | 마정원
원작 | 홍준의 · 최후남 · 고현덕 · 김태일

1판 1쇄 발행일 2007년 9월 14일
개정판 1쇄 발행일 2016년 9월 30일

발행인 | 김학원
경영인 | 이상용
편집주간 | 정미영
기획 · 편집 | 박민영 윤홍
디자인 | 김태형 유주현 최우영 구현석 박인규
마케팅 | 이한주 김창규 이정인 함근아
저자 · 독자서비스 | 조다영 윤경희 이현주(humanist@humanistbooks.com)
스캔 · 출력 | 이희수 com.
용지 | 화인페이퍼
인쇄 | 삼조인쇄
제본 | 정성문화사

발행처 | 휴먼어린이
출판등록 | 제313-2006-000161호(2006년 7월 31일)
주소 | (03991) 서울시 마포구 동교로23길 76(연남동)
전화 | 02-335-4422 팩스 | 02-334-3427
홈페이지 | www.humanistbooks.com

ⓒ 김태일 · 마정원, 2016

ISBN 978-89-6591-319-1 77400
ISBN 978-89-6591-315-3(세트)

만든 사람들

기획 | 정미영(jmy2001@humanistbooks.com)
편집 · 스토리 | 고흥준
편집 | 정은미 윤홍
디자인 | 김태형 최우영 디자인시

◎ 이 도서의 국립중앙도서관 출판예정도서목록(CIP)은 서지정보유통지원시스템 홈페이지(http://seoji.nl.go.kr)와 국가자료
  공동목록시스템(http://www.nl.go.kr/kolisnet)에서 이용하실 수 있습니다. (CIP제어번호: CIP2016020476)
◎ 이 책은 저작권법에 따라 보호받는 저작물이므로 무단 전재와 무단 복제를 금합니다.
◎ 이 책의 전부 또는 일부를 이용하려면 반드시 저작권자와 휴먼어린이 출판사의 동의를 받아야 합니다.
◎ 사용연령 8세 이상 종이에 베이거나 긁히지 않도록 조심하세요. 책 모서리가 날카로우니 던지거나 떨어뜨리지 마세요.